_____________ 학교 ____학년 ____반 의 책이에요.

___________ 학교 ___학년 ___반 __________의 책이에요.

❸ **스스로 활동해 보세요**

이 시리즈는 단지 지식을 전달하기 위한 교양서가 아니에요. 어린이 여러분이 교과서로 수업 시간에 배운 내용을 실제 현장에서 직접 체험하며 익힐 수 있도록 다양한 활동 내용을 담았지요. 책 중간이나 뒷부분에 이해를 돕기 위한 활동이 있으니 꼭 스스로 정리해 보세요.

❹ **나만의 보고서를 써 보세요**

체험학습 후에는 반드시 보고서를 만들어 보세요. 보고서를 만들면서 체험학습에서 보고 들은 내용을 다시 한번 정리하다 보면 더욱 많은 것을 자기 것으로 만들 수 있을 거예요.

신나는 **교과연계** 체험학습 34　사회

환경 공원으로 다시 태어난 난지도 **월드컵공원**

초판 1쇄 인쇄 2007년 12월 11일
개정 2판 6쇄 발행 2019년 8월 27일

글 김재욱 | 그림 최현주

발행처 김영사 | 발행인 고세규
등록번호 제 406-2003-036호
등록일자 1979. 5. 17
주소 경기도 파주시 문발로 197(우 10881)
전화 편집부 031-955-3113~20 마케팅부 031-955-3102
팩스 031-955-3111
사진 김재욱 월드컵공원관리사업소 윤형구 수도권매립지관리공사 대구수목원관리사무소 진주시청 남양주시 화도하수처리장

ISBN 978-89-349-5734-8 64000
ISBN 978-89-349-5699-0(세트)

좋은 독자가 좋은 책을 만듭니다. 김영사는 독자 여러분의 의견에 항상 귀 기울이고 있습니다.
독자의견전화 031-955-3139 | 전자우편 book@gimmyoung.com | 홈페이지 www.gimmyoungjr.com
어린이들의 책놀이터 cafe.naver.com/gimmyoungjr | 드림365 cafe.naver.com/dreem365

환경 공원으로 다시 태어난 난지도

월드컵공원

글 김재욱 그림 최현주

주니어김영사

차례

월드컵공원에 가기 전에

미리 준비하세요

준비물 《월드컵공원》 책, 사진기, 쌍안경, 필기도구
옷차림 월드컵공원은 넓은 야외이기 때문에 옷을
간편하게 입고 가는 것이 좋아요.
하늘공원과 노을공원에는 매점이 없으니
미리 간식이나 음료수, 물 등을 준비해 가세요.

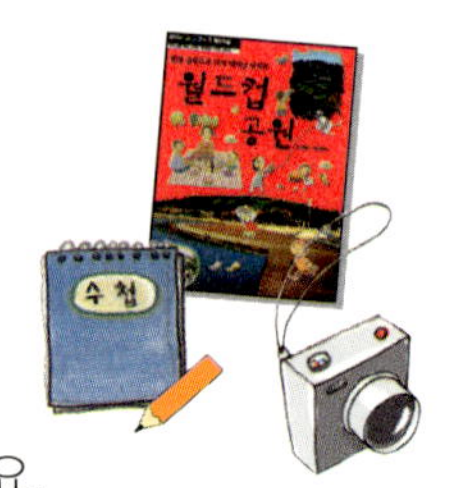

미리 알아 두세요

관람일 365일 언제나 관람할 수 있어요.

관람시간

장소	이용시간
하늘공원, 노을공원	매일 05:00~22:00 (월마다 유동적)
평화의 공원, 난지천공원, 난지한강공원	항상 이용할 수 있어요

입장료 무료
문의 02)300-5501　홈페이지 http://worldcuppark.seoul.go.kr
주소 서부공원녹지사업소(서울시 마포구 월드컵로 243-60)
교통편 지하철 – 6호선 월드컵경기장역 1번 출구, 마포구청역 8번 출구.
버스 – 간선: 271, 571, 710　지선: 7011, 7013A, 7013B, 7715, 7733,
8777　광역: 9711A　마을버스: 마포08

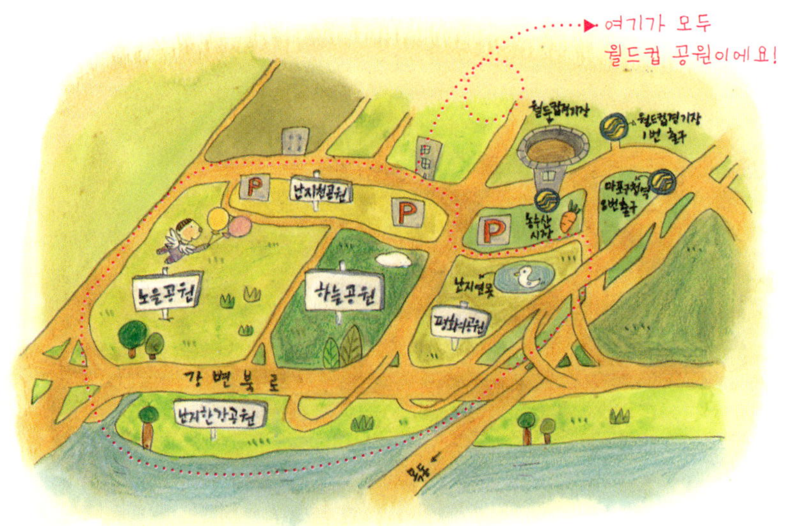

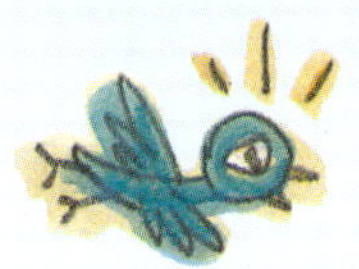
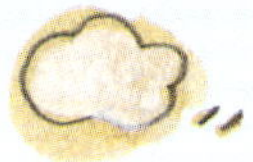
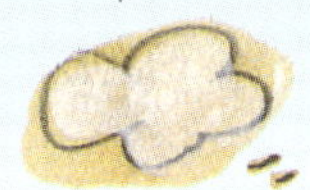

서울시 상암동에 있는 월드컵경기장 옆에는 약 347만 제곱미터 크기로 가꾼 큰 공원이 자리잡고 있어요. 여의도공원의 15배나 된다고 하니, 얼마나 넓은지 상상이 되지요? 이 곳이 바로 월드컵공원이에요. 월드컵공원은 평화의 공원, 하늘공원, 노을공원, 난지천공원, 난지한강공원으로 이루어져 있어요. 2002년 우리 나라에서 월드컵 경기가 열렸던 사실을 알고 있지요? 월드컵공원은 월드컵 개최를 앞두고 경기장과 함께 문을 열었어요.

월드컵경기장과 맞닿아 있는 평화의 공원에는 커다란 연못을 만들어 놓았어요. 평화의 공원에서 위를 올려다보면 하늘공원으로 올라가는 계단이 보이지요. 바라보기만 해도 얼른 계단을 따라 올라가서 하늘을 좀 더 가까이 보고 싶지 않나요? 하늘공원 옆에는 노을공원이 있고, 두 공원 뒤로는 난지천이 흐르는 난지천공원이 자리하고 있어요. 마지막으로 한강 둔치에는 난지한강공원을 만들어 휴식과 레포츠를 즐길 수 있도록 만들었답니다. 그럼, 지금부터 월드컵공원으로 출발!

월드컵경기장

월드컵공원 옆에 있는 월드컵경기장은 2002년 한·일 월드컵대회가 열린 주경기장이에요. 지하 1층, 지상 6층으로 이루어진 축구 전용 경기장이지요. 방패연 모양을 본떠 만든 경기장의 모습은 승리를 향한 희망을 담고 있으며, 우리 나라 전통 문화를 표현하고 있답니다.

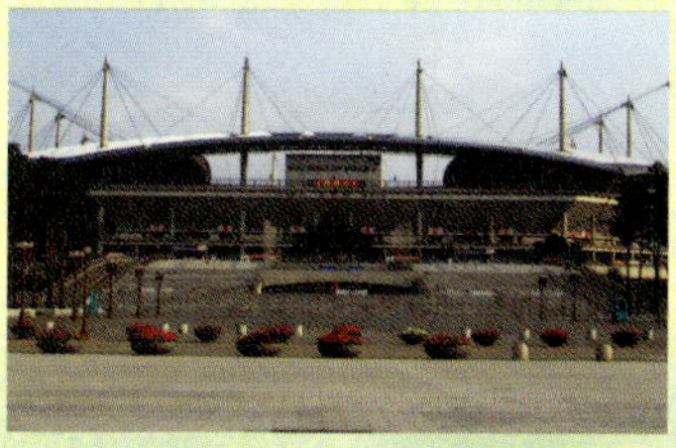

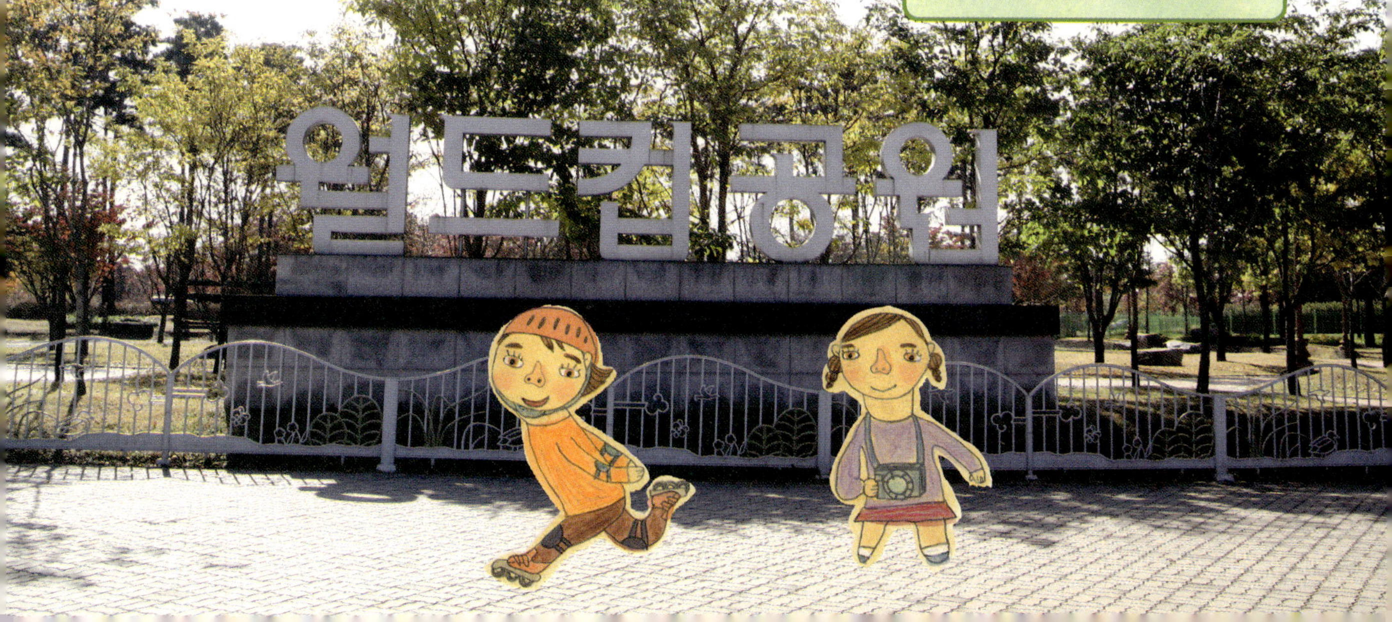

한눈에 보는 월드컵공원

난지도에서 환경 생태 공원으로 새롭게 태어난
월드컵공원은 평화의 공원, 하늘공원, 노을공원,
난지천공원, 난지한강공원으로 이루어져 있어요.
그래서 하루 만에 월드컵공원을 돌아보기는 어려워요.
꼼꼼히 계획을 세워 월드컵공원을 돌아보도록 해요.

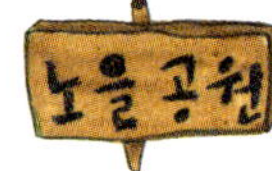

노을공원에서는 골
프장 바깥쪽에 꾸
며 놓은 생태 공원
을 산책해 보아요.

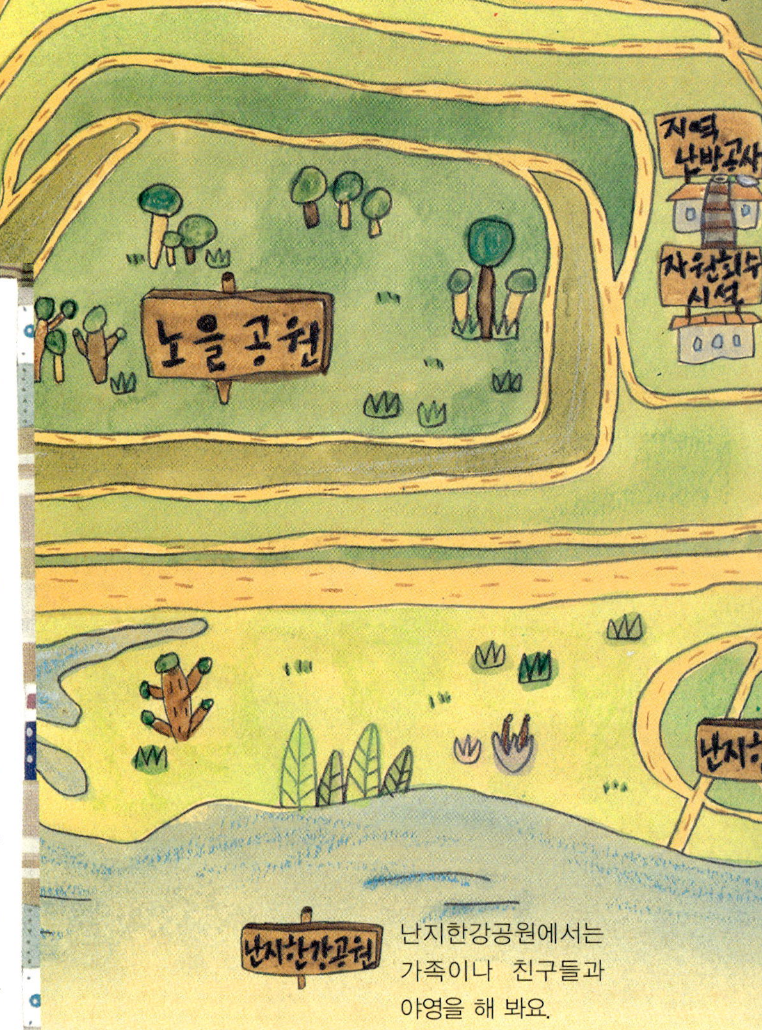

월드컵공원을 돌아보는 데 얼마나 걸릴까요?

공원을 이용하는 목적과 방법에 따라 큰 차이가
있어요. 그래서 돌아보는 데 걸리는 시간을 정확히
말하기는 어려워요. 아래쪽에 정리해 놓은 내용을
참고해 계획을 세워 보아요.
(단, 공원에서 공원으로 이동하는 데 걸리는 시간
은 포함되어 있지 않아요.)

평화의 공원 : 1~2시간 정도(자연 관찰 시간이나
인라인 스케이트, 자전거 등을 타는
시간, 혹은 놀이터에서 놀거나 쉬는
시간은 빼고 시설물을 쭉 둘러보는
데 걸리는 시간이랍니다.)

하늘공원 : 2~3시간 정도(어느 길로 올라가느냐에
따라 약간의 차이가 있어요.)

노을공원 : 2~3시간 정도(노을공원 입구에서 출발
하는 경우를 말해요.)

난지천공원 : 1시간 정도(한쪽 끝에서 반대쪽까지
빨리 걷는 경우를 말해요.)

난지한강공원 : 1시간 30분 정도(자전거를 빌려 탈
수 있어요.)

하늘공원에서는 넓게 펼쳐진
풀길을 따라 걸어 보세요.

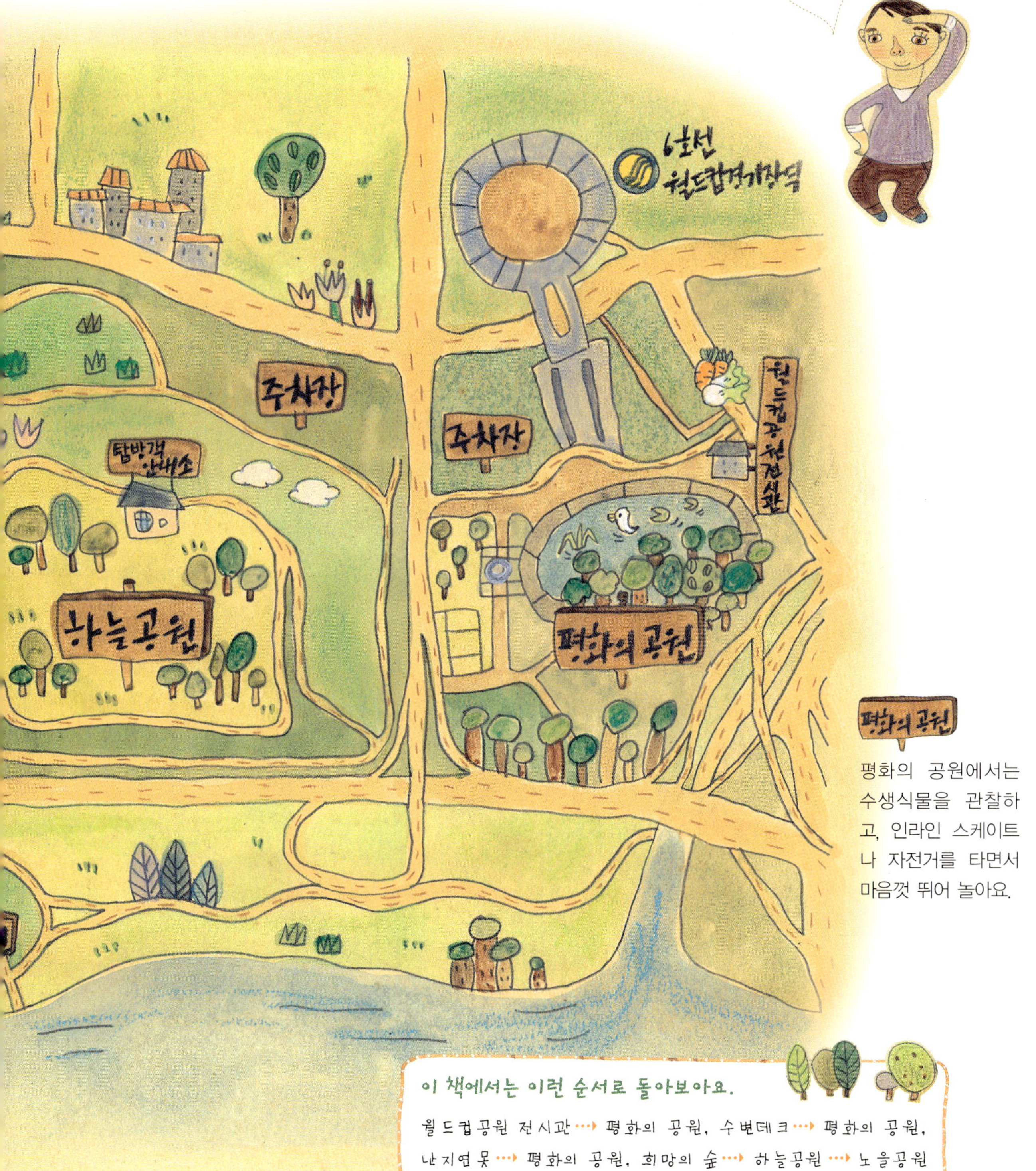

평화의 공원에서는
수생식물을 관찰하
고, 인라인 스케이트
나 자전거를 타면서
마음껏 뛰어 놀아요.

이 책에서는 이런 순서로 돌아보아요.

월드컵공원 전시관 ▶ 평화의 공원, 수변데크 ▶ 평화의 공원,
난지연못 ▶ 평화의 공원, 희망의 숲 ▶ 하늘공원 ▶ 노을공원
▶ 난지천 공원 ▶ 난지한강공원

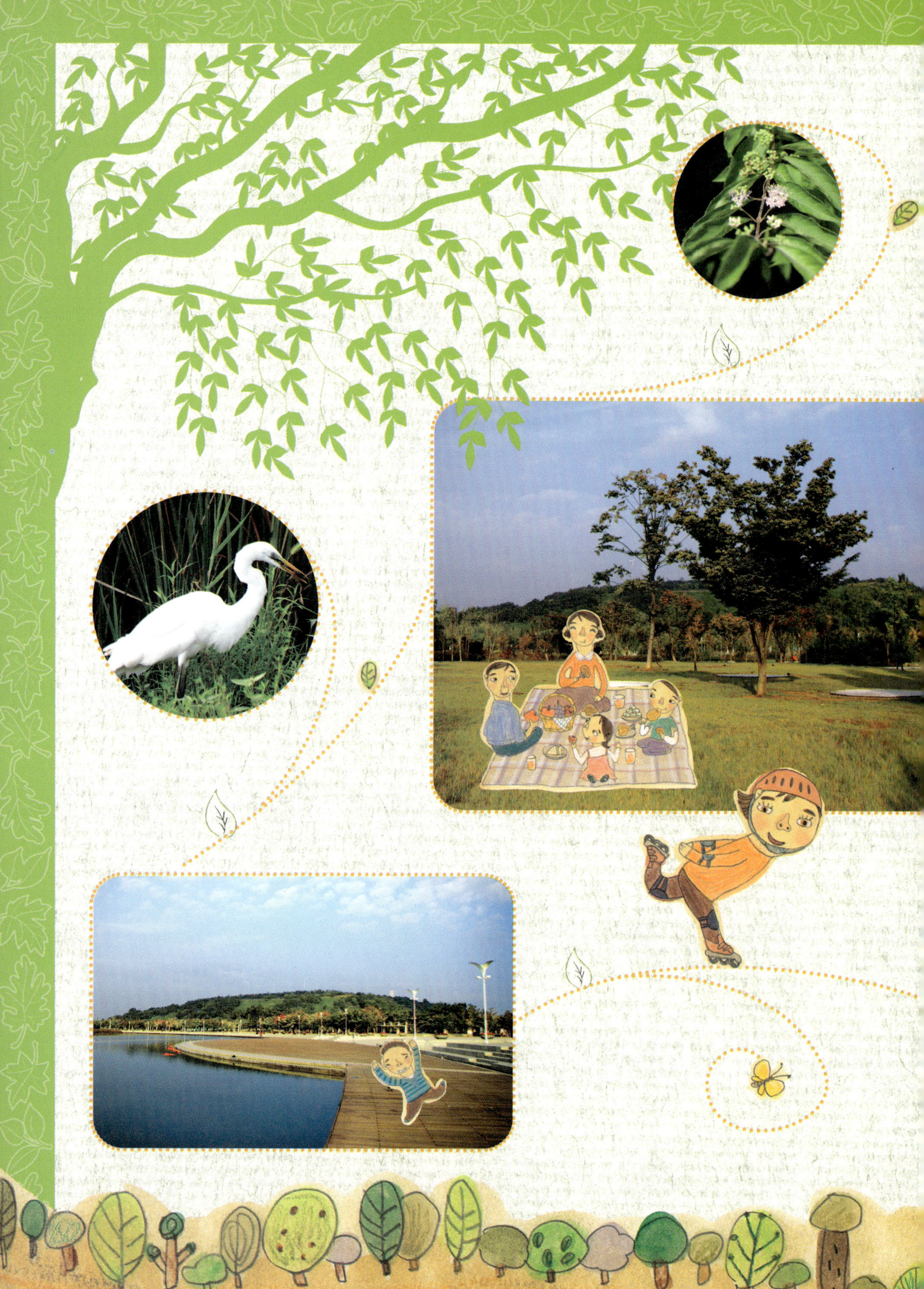

월드컵공원을 대표하는 평화의 공원

평화의 공원은 월드컵경기장 남쪽에 자리잡고 있어요. 주요 시설로는 월드컵공원의 역사를 살펴볼 수 있는 월드컵공원 전시관과 여러 동물과 식물을 관찰할 수 있는 생태습지와 희망의 숲, 난지연못 등이 있어요. 또한 피크닉장, 평화의 정원, 메트로폴리스 길, 별자리 광장 등 신나게 뛰어 놀거나 쉴 수 있는 자연 공간이 마련되어 있답니다.

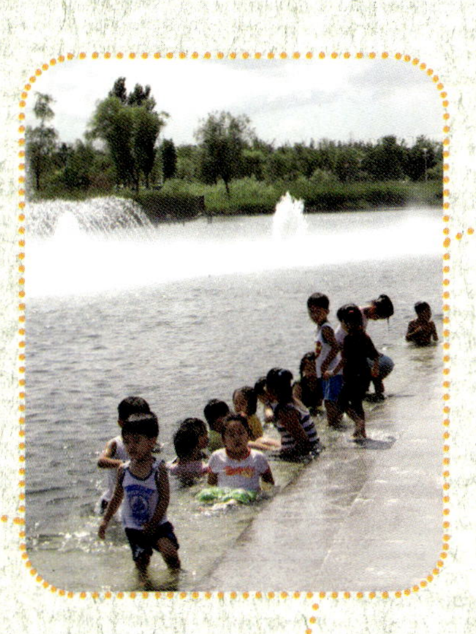

평화의 공원 꼼꼼히 돌아보기

평화의 공원은 자연을 관찰하는 경우와 인라인 스케이트나 자전거를 타며 레포츠를 즐기는 경우 각각 돌아보는 순서가 달라질 수 있어요.

처음 월드컵공원을 방문했다면 월드컵공원 전시관을 가장 먼저 둘러보세요. 월드컵공원의 역사를 한눈에 볼 수 있지요. 전시관을 나오면 수변데크가 펼쳐져요. 길을 따라 왼쪽으로 가면 난지연못, 희망의 숲 등에서 자연을 관찰할 수 있어요. 연못을 지나 오른쪽 길을 따라가면 레포츠를 즐길 수 있는 공간들이 주로 모여 있어요.

월드컵공원 전시관 ••▶ 수변데크 ••▶ 난지연못 ••▶ 희망의 숲

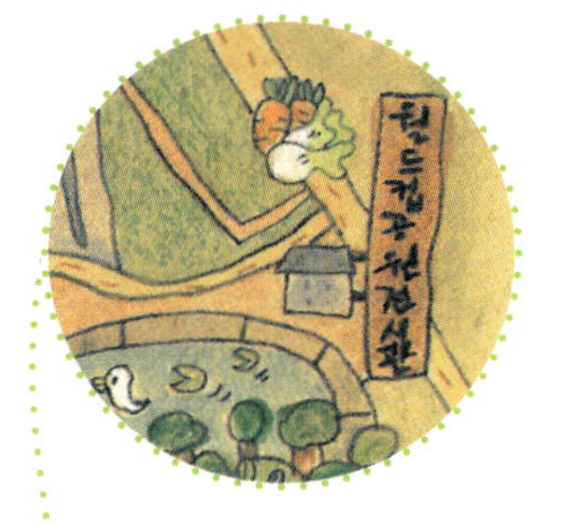

월드컵공원의 역사를 한눈에

평화의 공원 입구는 여러 곳이 있어요. 우리는 마포 농수산물 시장을 오른쪽에 두고 월드컵공원 관리사업소로 들어갈 거예요. 월드컵공원 관리사업소 1층에는 월드컵공원 전시관이 있고, 2층에는 사무실과 여러 가지 프로그램을 진행하는 사랑방이 있어요.

월드컵공원 전시관에서는 난지도의 옛 모습과 쓰레기 **매립** 당시의 모습을 볼 수 있어요. 또한, 쓰레기산이었던 난지도가 환경 생태 공원으로 탈바꿈하기까지의 과정을 전시물과 동영상 자료를 통해 살펴볼 수 있지요.

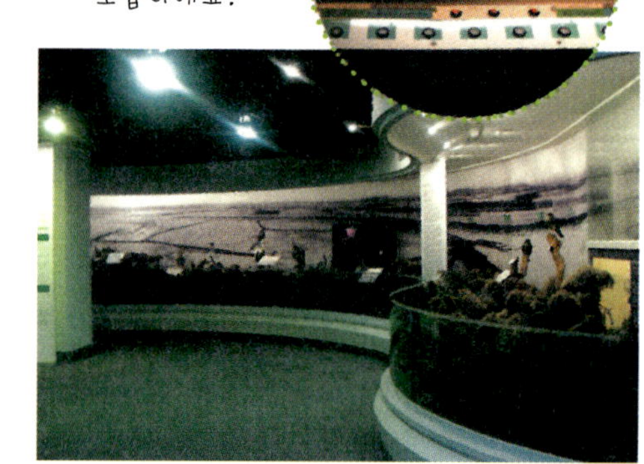

월드컵공원 전시관

매립
우묵한 땅이나 하천, 바다 등을 돌이나 흙 따위로 채우는 것을 말해요.

쓰레기가 분해되는 데 시간이 얼마나 걸리는지, 쓰레기 때문에 오염된 물을 깨끗하게 하는 데 물은 얼마나 필요한지 직접 확인해 볼 수 있는 전시물도 있어요. 버튼을 눌러 예상 시간이나 물의 양을 확인해 보세요. 그럼, 지금부터 월드컵공원이 만들어지게 된 이야기를 알아보기로 해요.

꽃과 풀이 아름다운 섬, 난지도

난지도는 원래 난지샛강의 모래가 쌓여 만들어진 모래섬이었어요. 곱고 아름다운 꽃과 풀이 많다고 해서 '꽃섬'이라고 불리거나, 오리가 물에 떠 있는 모습이라고 해서 '오리섬'이

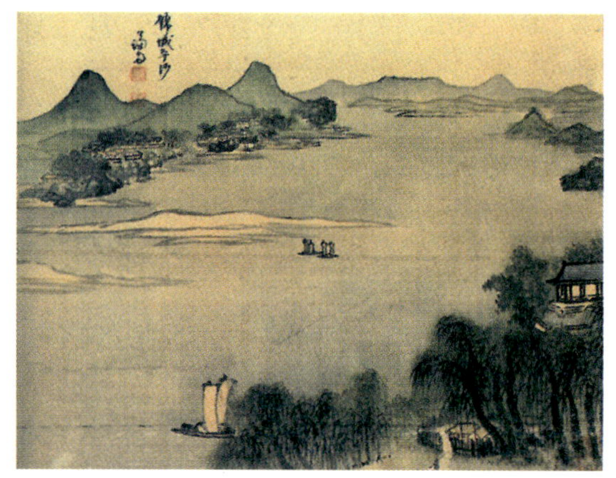

금성평사
조선 시대 난지도의 아름다운 모습을 그린 정선의 그림이에요.

라고 불렸지요. 조선 시대에는 양반들이 아름다운 경치를 감상하기 위해 배를 타고 난지도로 들어가곤 했어요.

1970년대까지도 난지도는 갈대숲이 아름다워 사람들이 많이 찾는 곳이었어요. 또한, 새들의 먹이가 풍부해 겨울이면 철새들 수만 마리가 찾아오는 아름다운 섬이었답니다.

난지샛강 건너편에 살던 사람들은 아침이면 난지도로 건너가 땅콩과 수수 농사를 짓고, 저녁이면 다시 집으로 돌아왔어요. 난지도에 살던 주민들은 전국에서 만들어지는 수수 빗자루의 70%와 땅콩의 30%를 생산해 살림이 매우 넉넉했다고 해요. 특히 난지도에서 생산된 개구리참외는 어른 팔뚝만큼 알이 굵고 맛도 좋아서 인기가 있었지요.

하지만 1978년에 난지도가 쓰레기 매립장으로 결정된 뒤 15년 동안 이 곳 난지도에 쓰레기가 쌓였어요. 결국 난지도는 거대한 쓰레기산으로 변하고 말았지요.

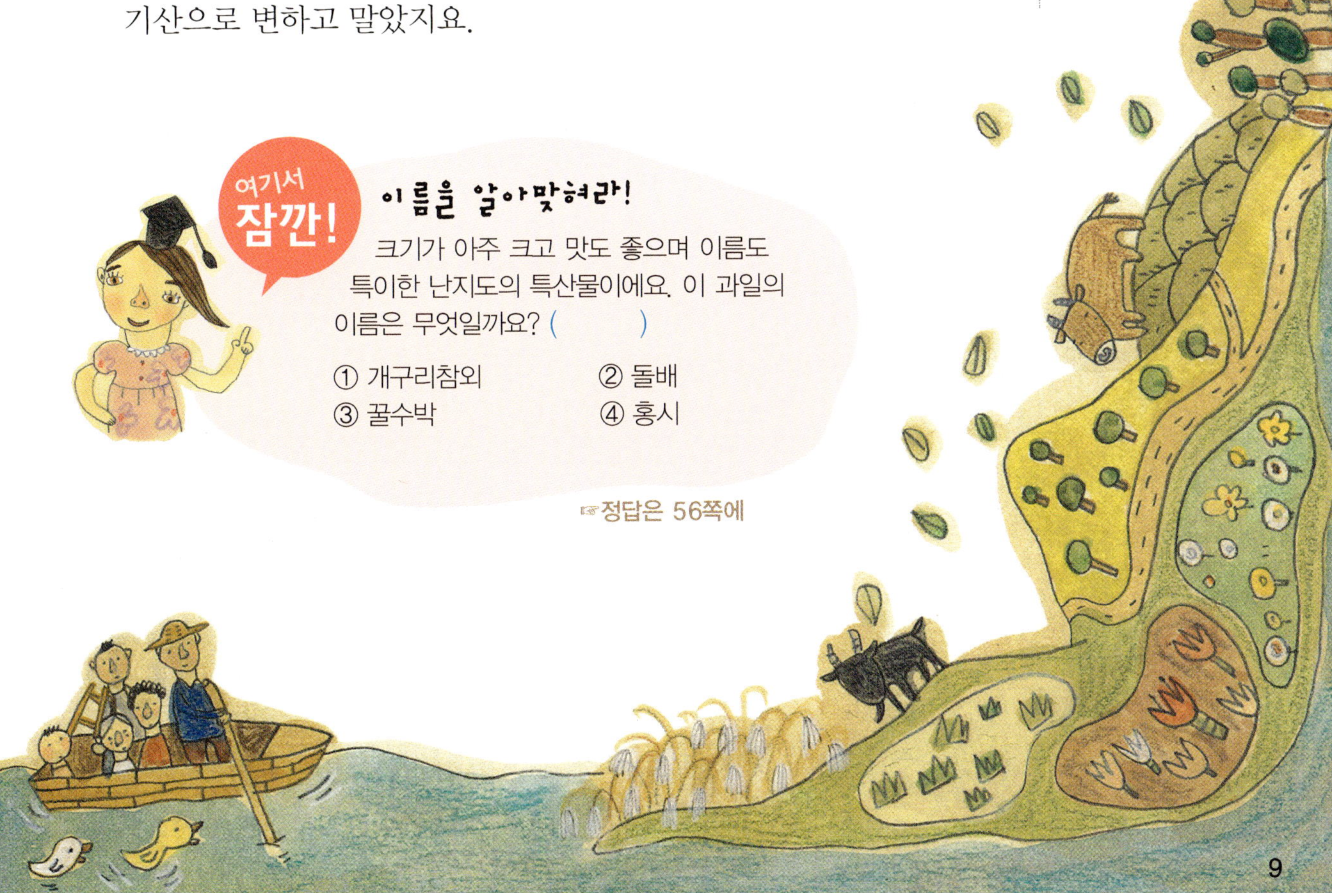

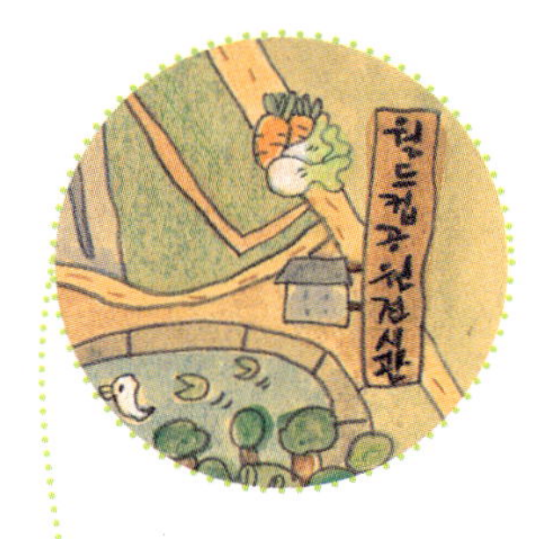

쓰레기 매립장이 된 난지도

서울에는 1960년대 초까지도 딱히 정해진 쓰레기 매립장이 없었어요. 그래서 아파트를 지을 때 땅의 기초를 다지면서 쓰레기를 묻기도 했어요. 하지만 산업화로 인해 점점 쓰레기의 양이 많아지자 적당한 매립장을 찾아야 했지요. 그래서 1978년, 서울 외곽에 있으면서 교통이 편리한 난지도를 '폐기물 처리 시설'을 세울 곳으로 정해 쓰레기를 묻기 시작했어요. 그 때부터 서울시에서 생기는 쓰레기는 모두 난지도 매립장으로 옮겨 땅 속에 묻었어요.

이 같은 쓰레기 매립 작업은 1993년까지 15년 동안이나 이어졌어요. 지금의 노을공원이 들어선 곳은 94미터 높이의 쓰레기가, 하늘공원이 들어선 곳은 98미터 높이의 쓰레기가 쌓였어요. 이렇게 쌓인 쓰레기의 양을 모두 합치니 9,200만 톤에 달했어요. 8.5톤 트럭으로 1,300만 대에 해당하는 양이니 엄청난 쓰레기산이었지요.

'인디안촌'을 아시나요?

쓰레기가 모이면서 난지도는 먼지가 눈앞을 가리고 악취가 코를 찌르는 곳으로 변했어요. 쓰레기에서 생기는 매립 가스 때문에 난지도에는 크고 작은 화재가 끊이지 않았지요. 1984년에는 이 곳에 살던 주민들의

매립 가스
폐기물을 땅에 묻었을 때 발생하는 이산화탄소나 메탄 가스를 말해요.

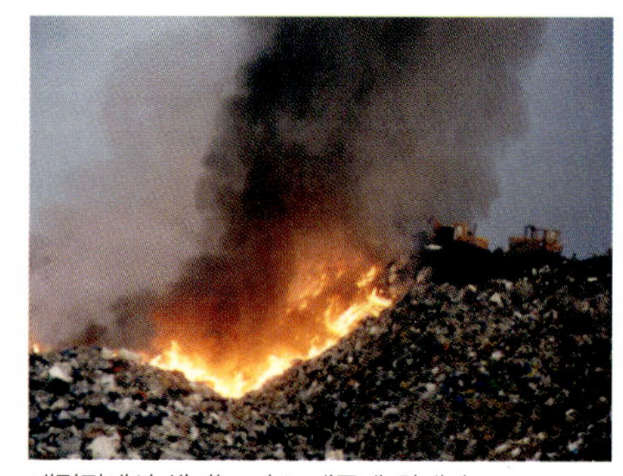
매립장에서 생기는 가스 때문에 화재가 자주 일어났어요.

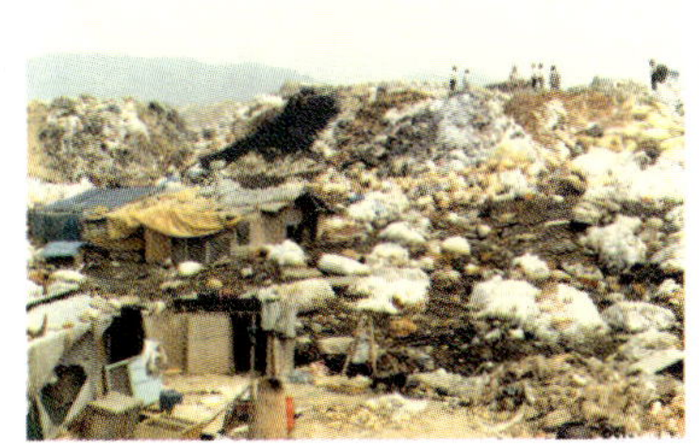

난지도에 쌓여 있던 쓰레기예요.

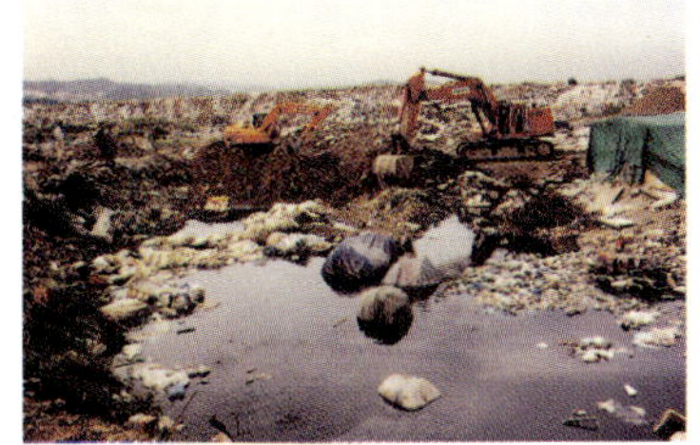

쓰레기가 썩어 흘러나온 물은 주변의 하천과 땅을 오염시켰어요.

집이 모두 불에 타 버린 아주 큰 화재가 일어났어요. 그 뒤로 지금의 난지천공원 중앙광장 부근에 조립식 주택을 만들어 난지도 주민들이 살게 되었는데, 이 곳을 '인디안촌' 이라고 불렀답니다. 하지만 인디안촌 주민들은 여전히 하루하루 불안에 떨며 살아가야 했지요.

결국 난지도 쓰레기 매립장은 1993년에 문을 닫았어요. 하지만 환경 오염 문제가 해결된 것은 아니었어요. **비위생단순매립** 방식 때문에 **침출수**가 계속해서 주변의 하천과 토양을 오염시켰어요. 그리고 이 곳에서 발생하는 매립 가스는 항상 화재의 위험을 가지고 있었지요. 따라서 이러한 오염 문제를 해결해 난지도 쓰레기 매립장이 안정될 때까지 관리한 다음, 다시 난지도를 개발하기로 했어요.

그렇다면, 쓰레기가 넘쳐났던 난지도의 땅을 안정시키기 위해 어떤 과정을 거쳤을까요?

비위생단순매립

연탄재를 포함한 일반 생활쓰레기와 산업폐기물을 구분하지 않고 땅에 묻는 방법을 말해요.

침출수

쓰레기가 썩으면서 생기는 지저분한 물을 말해요.

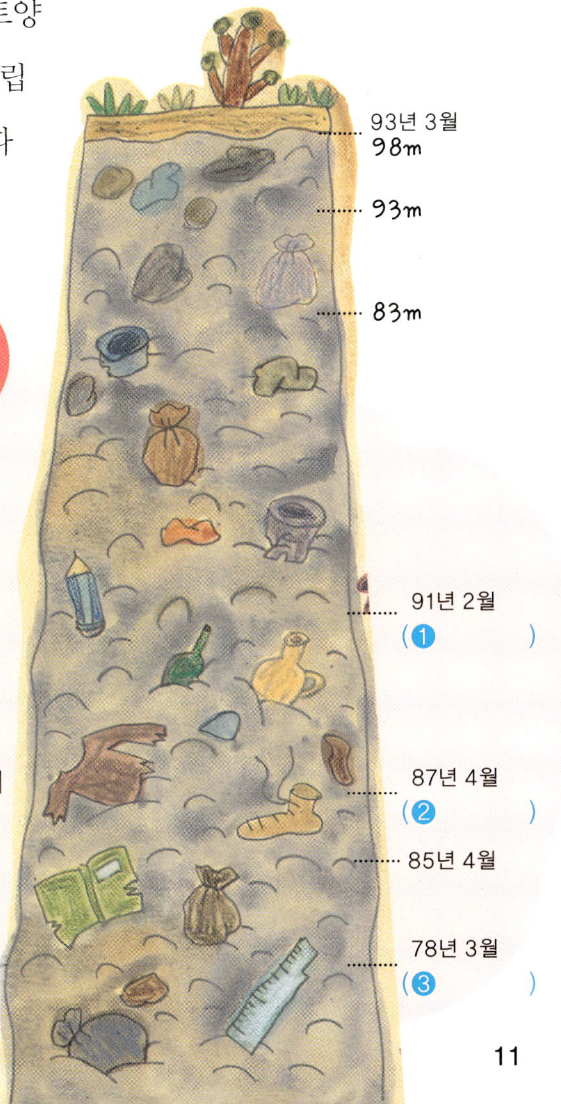

1978년부터 쌓이기 시작한 쓰레기는 해마다 점점 높아져 큰 산을 이루었어요. 전시관에서 본 모형을 참고해 (   ) 안에 알맞은 숫자를 써 보세요.

☞ 정답은 56쪽에

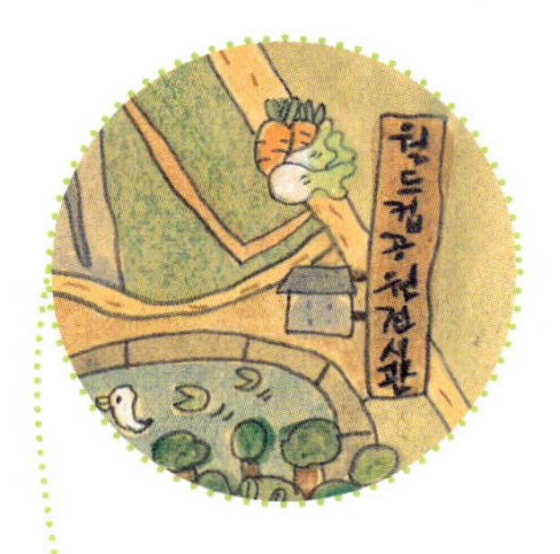

다시 살아난 난지도

쓰레기산으로 변한 난지도를 다시 생명이 숨 쉬는 곳으로 만들기 위해 많은 노력을 쏟았어요. 지금부터 그 내용을 자세히 살펴보아요.

우선 각종 쓰레기가 썩으면서 생긴 더러운 침출수가 주변의 한강이나 난지천을 오염시키는 것을 막기 위해 이를 처리해야

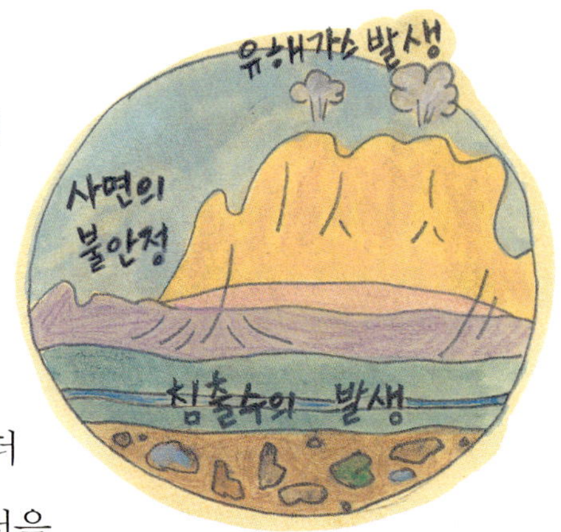

쓰레기가 쌓이면서 생기는 현상을 보여 주고 있어요.

했어요. 그러기 위해 먼저 매립장 주변에 물막이벽을 만들어 쓰레기 더미에서 발생하는 침출수가 다른 토양과 지하수를 오염시키지 않도록 했어요. 그리고 물막이벽 안쪽에 침출수를 모으는 관을 설치했어요. 이렇게 모인 침출수는 노을공원 아래쪽에 있는 침출수 처리장에서 1차 처리를 하고, 난지하수 처리장에서 2차 처리를 했답니다. 그러나 2003년 7월부터는 침출수 처리장을 거치지 않고 바로 난지하수 처리장에서 깨끗한 물로 만들어 한강으로 내보내고 있어요.

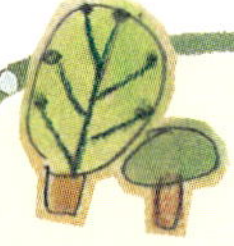

침출수 처리 과정
침출수를 모으는 관 ⋯▶ 침출수 처리장(1차 처리) ⋯▶ 난지하수 처리장(2차 처리) ⋯▶ 한강

생명이 숨 쉬는 난지도를 만들기 위한 노력

쓰레기로 뒤덮였던 난지도를 생명이 있는 곳으로 만들기 위해서는 복잡한 처리 과정이 필요하답니다. 어디에서 이러한 처리를 했는지 살펴보기로 해요.

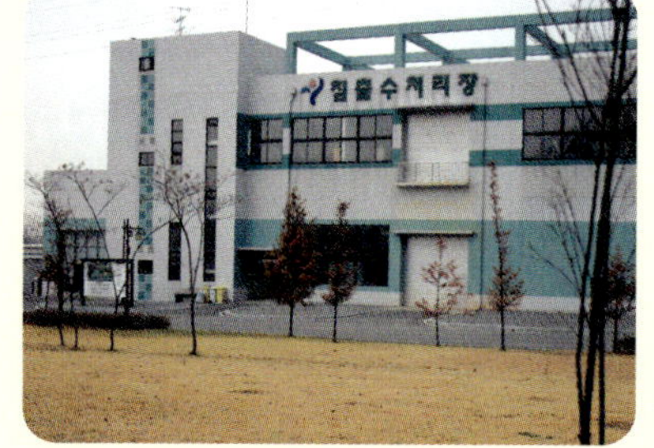

침출수 처리장
심하게 오염된 침출수를 1차로 정화시킨 곳이에요. 지금은 난지 창작 스튜디오로 쓰여요.

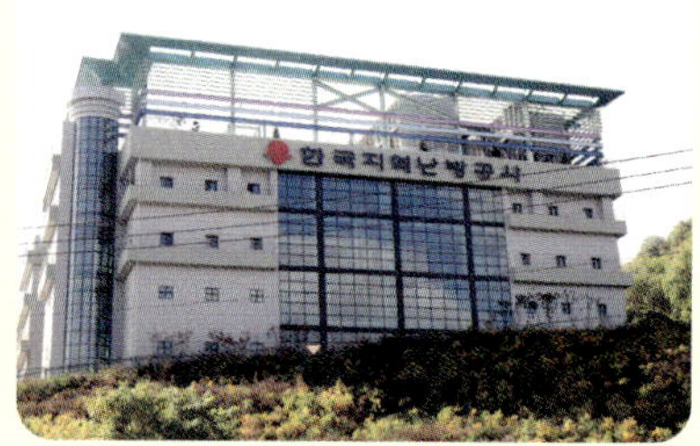

매립 가스 처리 시설
매립 가스를 냉·난방 연료로 만드는 열생산 공급 시설이에요.

　또 화재를 일으킨 매립 가스를 처리하기 위해 노을공원과 하늘공원 비탈면에 매립 가스를 모아 뽑아 낼 수 있는 이송관을 만들었어요. 여기에서 뽑아 낸 매립 가스의 주요 성분은 메탄과 이산화탄소예요. 이것으로 연료를 만들어 주변의 월드컵경기장과 아파트의 냉·난방 에너지로 쓰고 있어요.

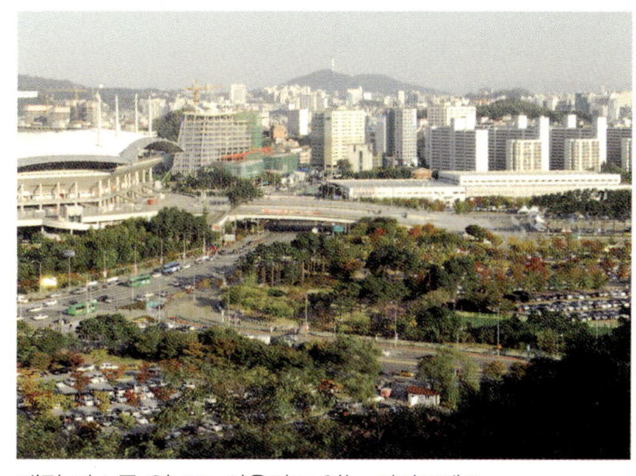

매립 가스를 연료로 사용하고 있는 아파트예요.

　그 밖에 쓰레기더미 위에 흙을 덮는 상부 복토 공사를 진행했어요. 이렇게 하면 매립장 속으로 빗물이 스며들어 침출수가 되는 것과, 매립 가스가 주변으로 퍼지는 것을 막을 수 있어요.

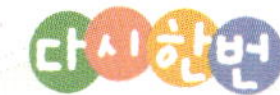

매립 가스 처리 과정
매립장 ⋯ 매립 가스 이송관 ⋯
열생산 공급 시설 ⋯ 월드컵
경기장과 주변 아파트

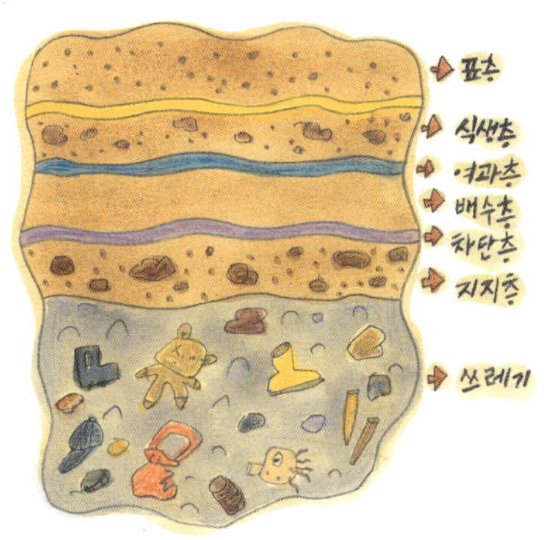

상부 복토 공사 단면도예요.

　또한 깨끗한 흙을 덮어 쓰레기더미 위에 다시 동물과 식물이 살 수 있도록 생명을 불어넣었지요.

　또 쓰레기 산의 비탈면이 무너지지 않도록 기울기를 완만하게 하고 산사태를 막기 위해 나무를 심었답니다. 이런 여러 과정을 거쳐 난지도는 다시 살아났지요.

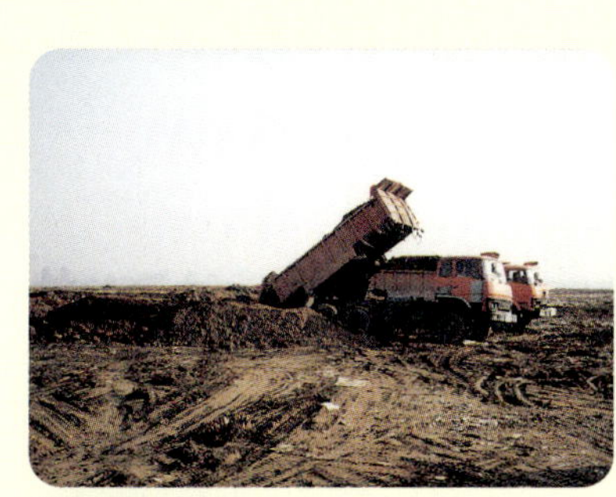

상부 복토 공사
쓰레기더미 위에 흙을 덮어 생물이 자랄 수 있는 환경을 만들어 줘요.

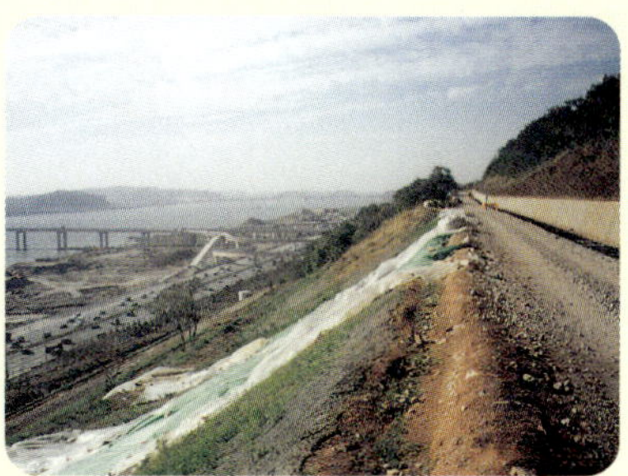

비탈면 안정화 처리
쓰레기산의 비탈진 면이 무너지지 않도록 다지고, 풀과 나무를 심었어요.

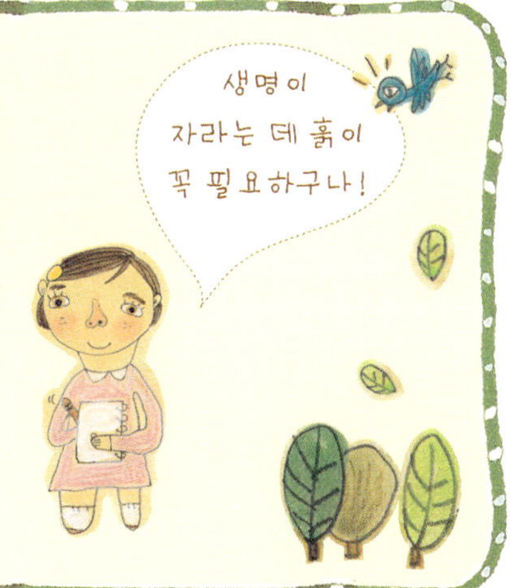

쓰레기를 자원으로!

우리 나라는 도시화와 산업화가 빠르게 이루어져 자연 파괴와 환경 오염 문제가 아주 심각해졌어요. 생활은 편리해졌지만 쓰레기가 많아져 그에 따른 오염 문제도 계속해서 생겨나고 있지요. 월드컵공원이 태어난 이야기를 보면서 쓰레기를 잘 처리하는 것이 얼마나 중요한지 깨달았을 거예요.

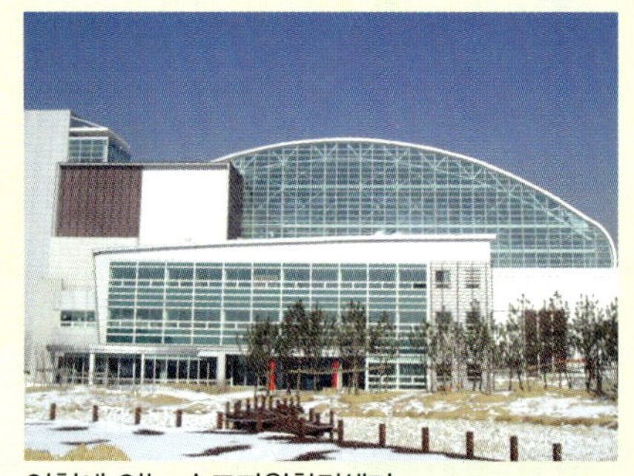
인천에 있는 송도자원환경센터

최근에는 깨끗한 환경을 만들기 위해 쓰레기를 자원으로 재활용하려는 연구가 활발하게 이루어지고 있어요. 생활쓰레기를 안전하게 처리하는 최첨단 소각*처리시설을 세우고, 가연성* 쓰레기를 매립하지 않고 연료로 만들어 전기를 생산하는 시설도 개발하고 있어요. 또한 음식물 쓰레기를 퇴비로 쓰기 위해 음식물 자원화시설도 만들고 있답니다.

이렇게 쓰레기를 활용해 자원으로 만드는 일은 매우 중요해요. 하지만 환경을 깨끗하게 보전하려면 그에 앞서 쓰레기를 줄이는 일이 더욱 중요하지요. 그러니 물건을 아껴 쓰고, 재활용할 것들을 반드시 분리하여 버려야 해요. 또한 음식물을 남기지 않는 습관을 들이도록 해요. 이러한 우리의 노력이 모여 깨끗한 환경이 만들어진답니다.

*소각 : 불에 태워 없애 버리는 것이에요.
*가연성 : 불에 탈 수 있거나 타기 쉬운 성질을 뜻해요.

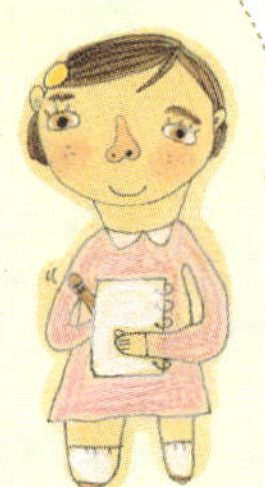

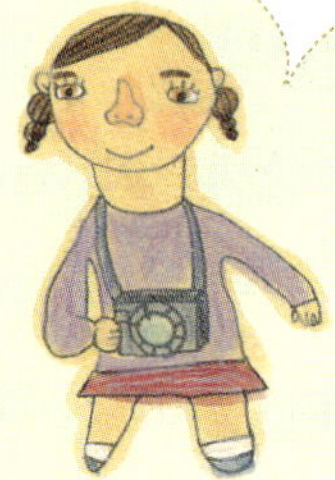

풍경이 아름다운 수변데크

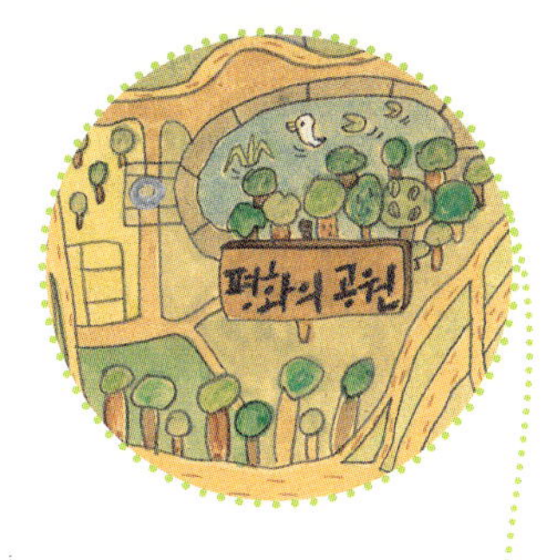

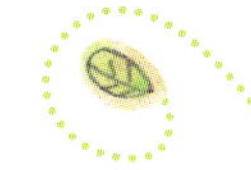

평화의 공원에 들어서면 아치 모양의 멋진 수변데크가 가장 먼저 눈에 띄어요. 난지연못 주변으로 이어지는 수변데크는 평화의 공원에서 가장 아름다운 경관을 자랑하는 곳이지요.

수변데크는 사람들이 난지연못에 좀 더 쉽게 다가갈 수 있도록 만든 공간이에요. 특별히 목재 데크에서 스탠드로 올라서는 곳과, 스탠드에서 휴게 공간으로 이어지는 곳은 높이를 다르게 해서 만들었어요. 다른 사람의 시야를 가리지 않도록 해서 누구나 난지연못을 잘 볼 수 있게 하기 위해서지요. 뿐만 아니라 양옆에 느티나무를 심은 수목터널과 다양한 휴게 시설을 꾸며 놓아 휴식 장소로도 아주 좋은 곳이에요.

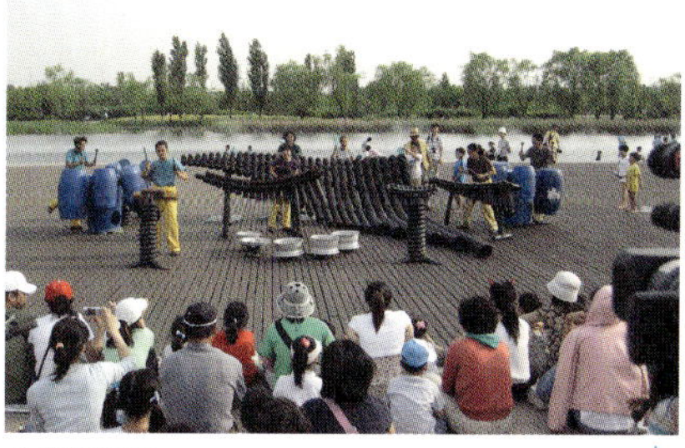

수변음악회
4~5월경에는 난지연못 앞 광장에서 야외음악회가 열리기도 해요. 멋진 분수를 배경으로 한 광장에서 음악회를 즐겨 보아요.

수변데크
난지연못의 수변공간을 아치 모양으로 만들었어요.

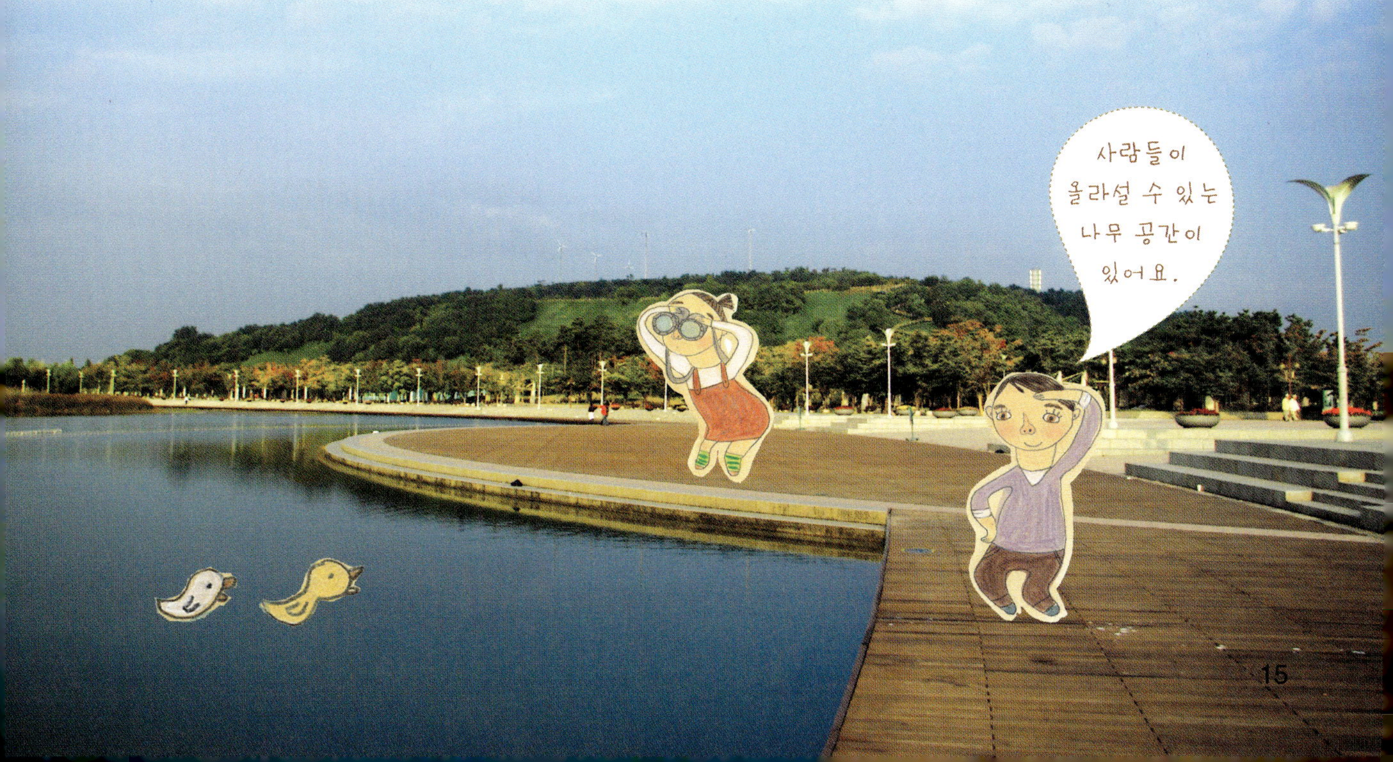

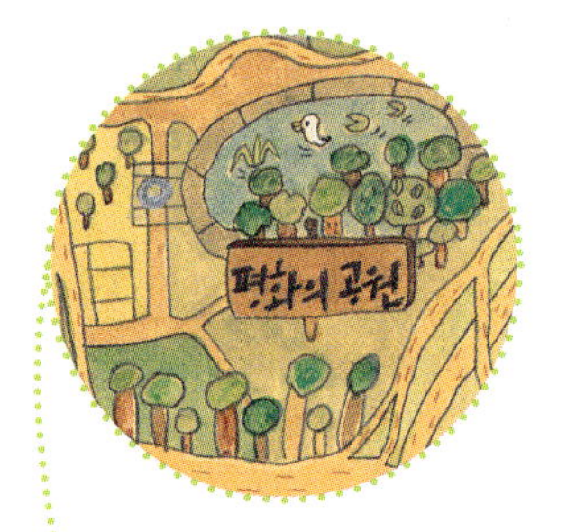

난지연못에서 물과 친해져요!

　평화의 공원에는 물에서 놀 수 있는 공간이 있어요. 바로 난지연못이에요. 공원이 되기 전에 난지도였음을 상징하는 의미로, 난지연못이라고 이름지었어요. 여기에서는 수생생물도 보고, 물놀이도 즐길 수 있어요. 또 시원한 분수도 만날 수 있어요. 나무로 만들어진 데크에 올라서면 연못을 더 자세히 볼 수 있어서 좋아요. 연못 물과 생물을 보호해야 하므로, 이 곳에서는 음식을 먹거나 자전거를 타면 안 된답니다. 그리고 연못 안쪽에는 생태습지가 만들어져 있어요. 난지연못에 살고 있는 생물을 관찰할 수 있는 자연학습장이지요. 물이 들어오는 입구에 작은 폭포와 징검다리도 찾아보세요.

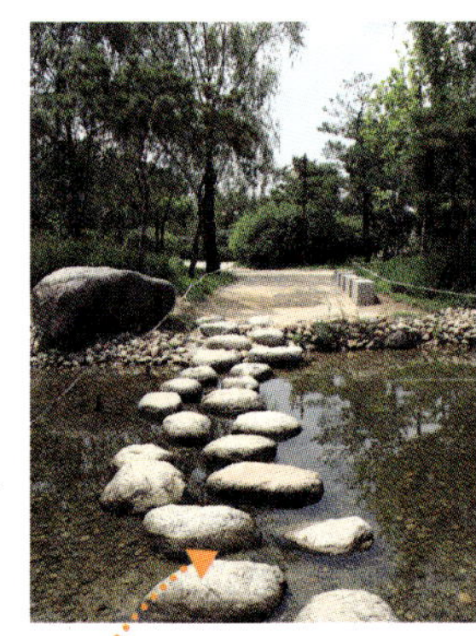

징검다리
물의 흐름을 조절하는
역할을 하고 있어요.

난지연못의 모습
난지연못에 살고 있는 수생식물
덕분에 물이 깨끗해지고 있어요.

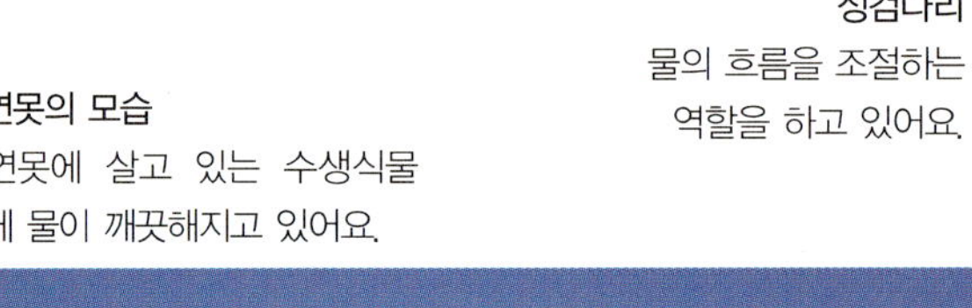

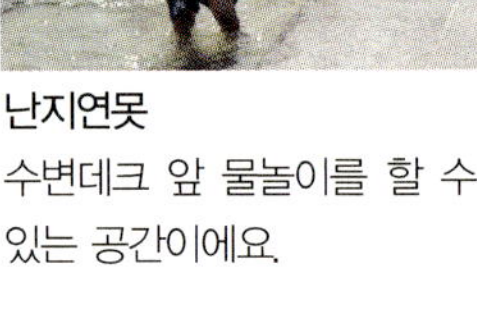

난지연못
수변데크 앞 물놀이를 할 수
있는 공간이에요.

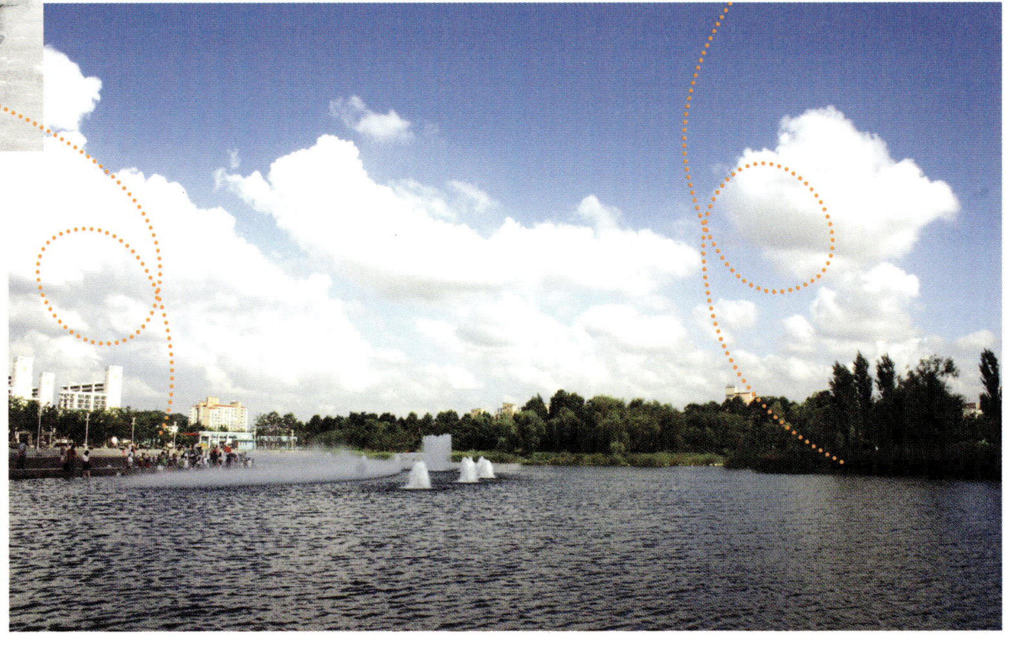

생태습지에서 자연을 느껴 보아요

난지연못에는 피라미, 붕어, 미꾸리, 긴몰개, 차붕어, 미꾸라지, 돌고기, 참몰개 등 많은 생물들이 살고 있어요. 연못 주변에는 애기부들, 연꽃, 갈대, 물억새, 창포 등의 수질정화식물과 습생식물이 자라고 있고요. 이런 식물들은 물고기와 새들이 알을 낳는 장소가 되기도 하고, 스스로 물을 깨끗하게 걸러 내는 역할도 하고 있지요.

생태습지에는 산책로와 관찰로, 관찰 데크 등을 꾸며 놓았어요. 이곳에서는 동·식물을 관찰할 수 있지요. 가끔 동·식물 사진 전시회나 식물 관찰장이 열리기도 한답니다. 그럼, 생태습지에 또 어떤 풀과 물고기가 있는지 구석구석 잘 살펴보아요.

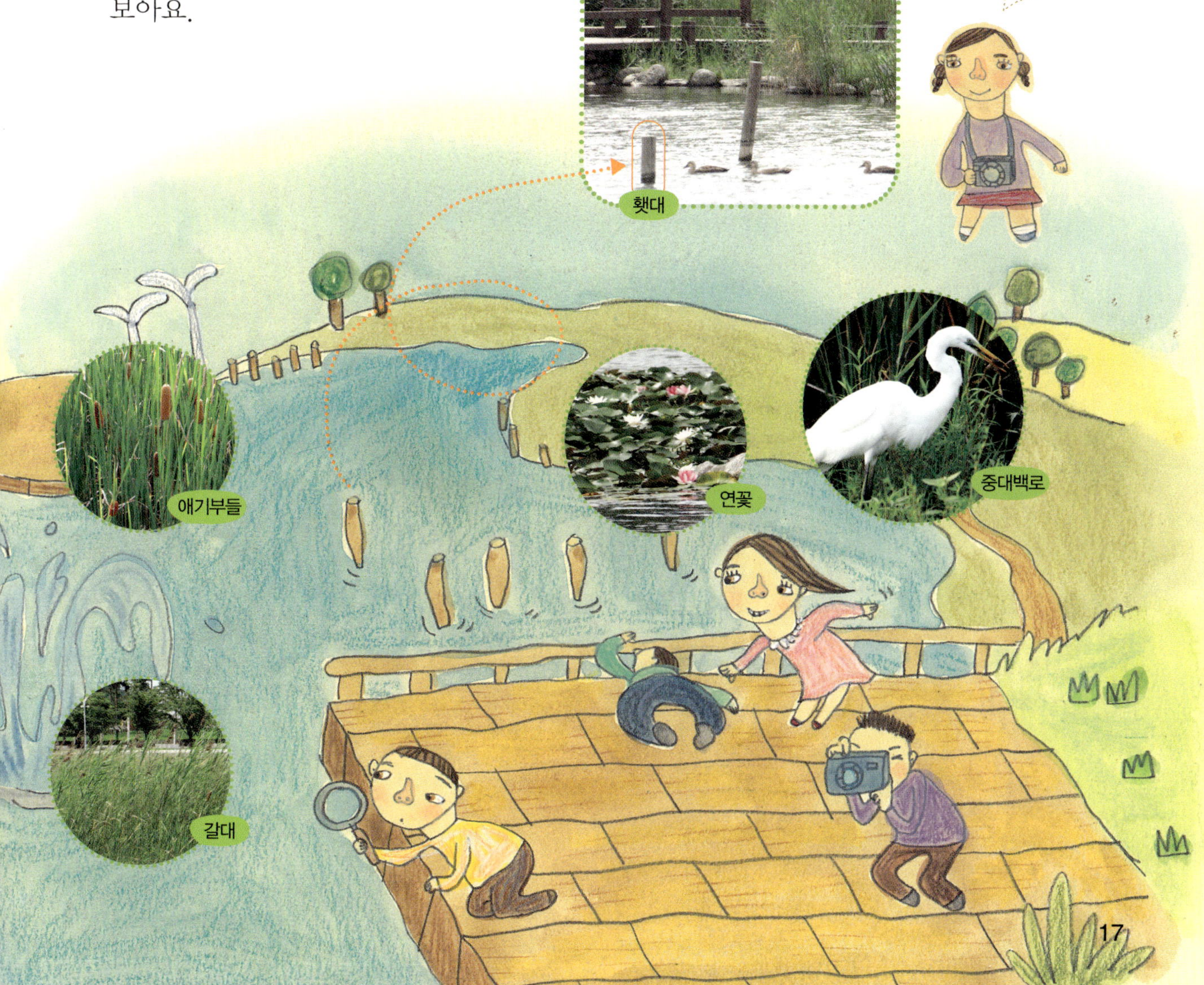

17

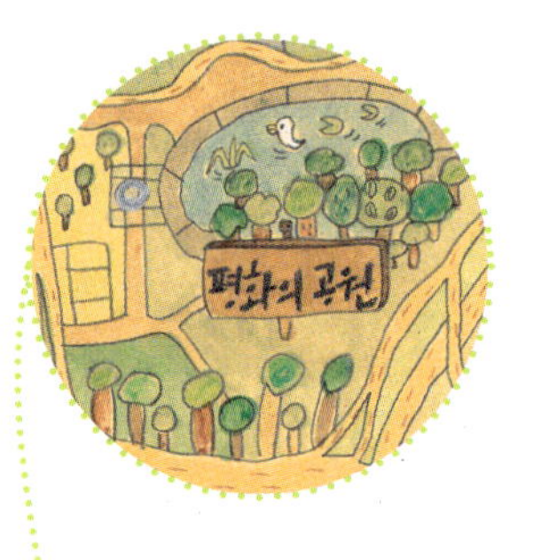

녹색 도시의 희망, 희망의 숲

생태습지 옆에는 숲을 꾸며 놓았어요. 이 숲은 서울을 자연과 사람이 더불어 사는 녹색 도시로 만들기 위한 '생명의 나무 1,000만 그루 심기' 운동을 통해 태어난 곳이에요. 그래서 이름도 서울을 녹색 도시로 만들겠다는 희망을 담아 '희망의 숲'이라고 지었어요. 희망의 숲은 월드컵공원 옆으로 지나는 도로가 보이지 않도록 하는 역할도 하고 있지요. 무엇보다 중요한 것은 시민들이 직접 나무를 심고 가꾸었다는 데 큰 의미가 있는 숲이랍니다. 우리 함께 희망의 숲 속으로 들어가 보아요.

희망의 숲에서 찾은 나무 이름을 적어 보세요!

희망의 숲에는 사람들이 심은 다양한 나무들이 있어요. 직접 찾아보고 이름을 써 보세요.

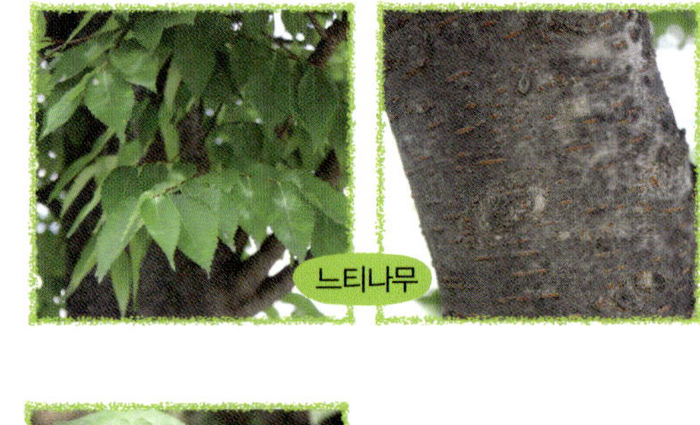

느티나무

복자기나무

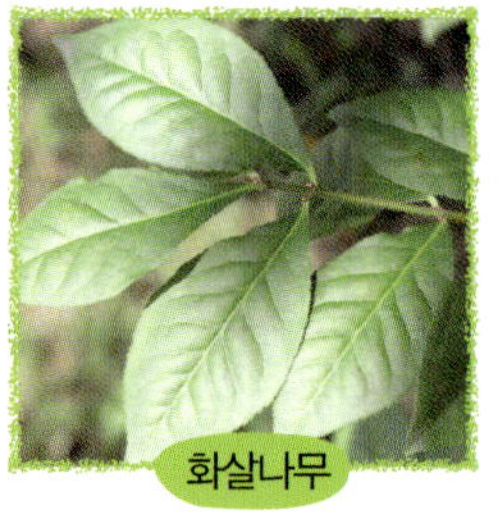

좀작살나무

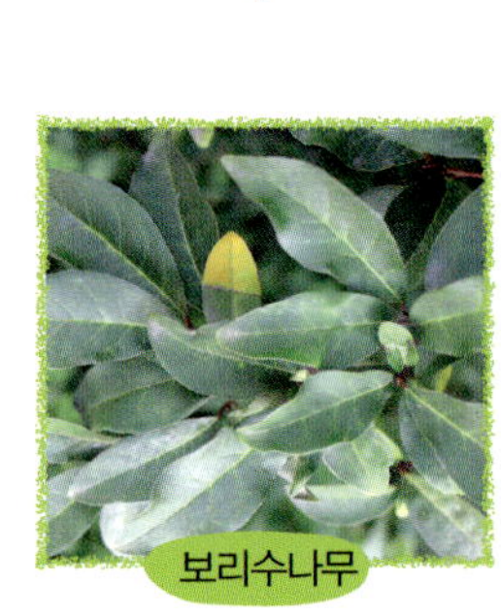

화살나무

보리수나무

자연과 하나되는 피크닉장

희망의 숲과 난지연못 사이의 평평한 땅에는 넓은 잔디밭이 있어요. 이 곳이 피크닉장이에요. 여기에서는 가족들과 함께 소풍을 즐기거나, 맘껏 뛰어놀며 즐거운 시간을 보낼 수 있지요.

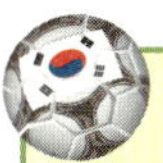

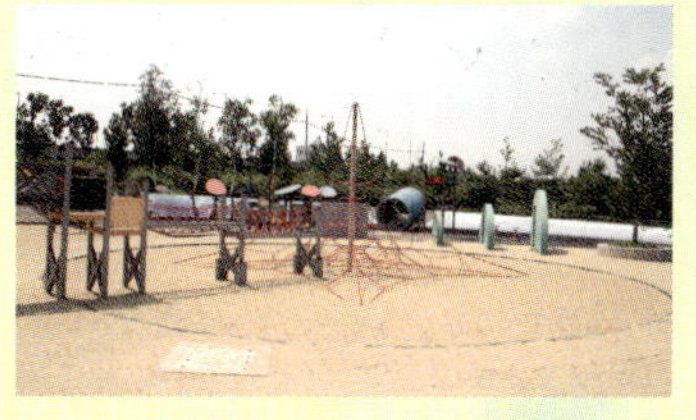

모험 놀이터

평화의 공원 놀이터는 일반적인 놀이터와는 달리 주변과 어울리도록 높고 낮은 지형에 맞게 놀이 시설을 배치했어요. 그 이유는 강변북로와 연결되는 도로로부터 어린이를 보호하기 위해서예요.

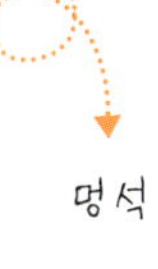

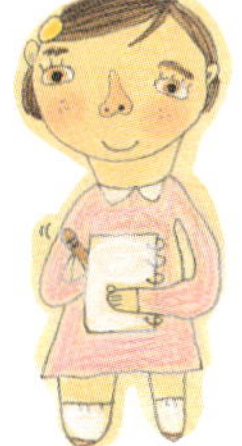

명석

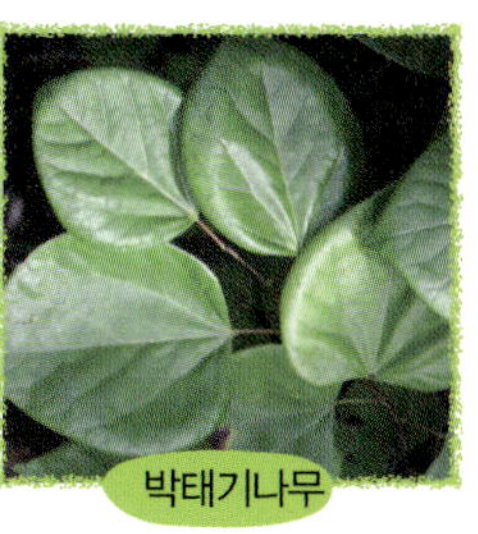

박태기나무

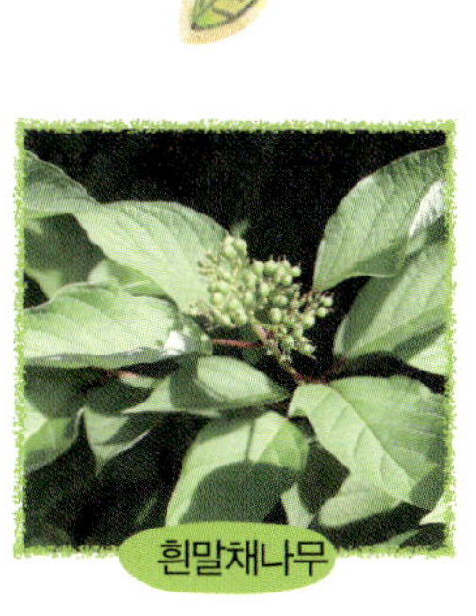

흰말채나무

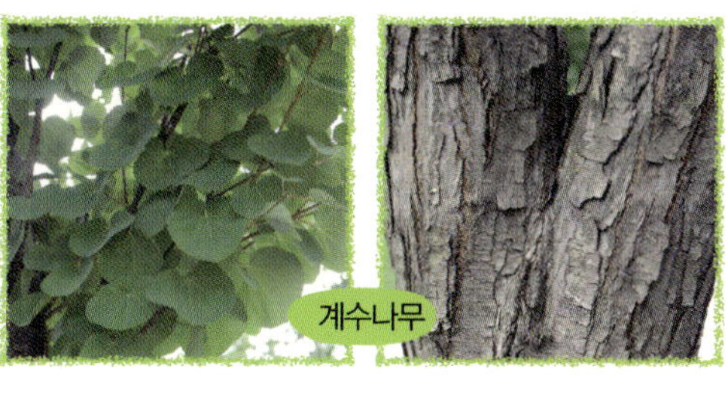

계수나무

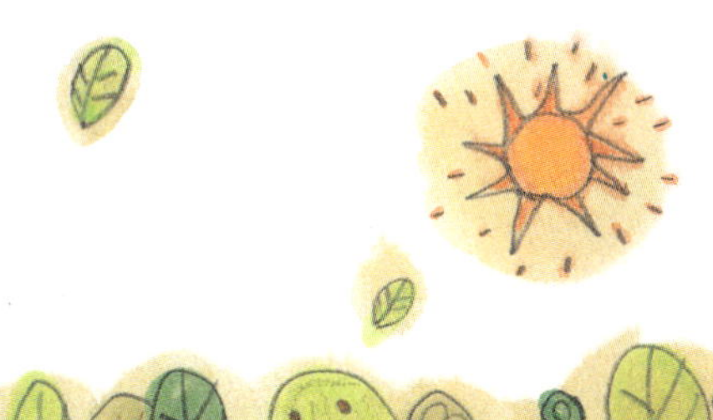

　희망의 숲을 따라 걷다 보면 평화의 정원이 보일 거예요. 길 사이 사이에 다양한 풀과 꽃을 심어 평화로운 정원을 만들었어요.

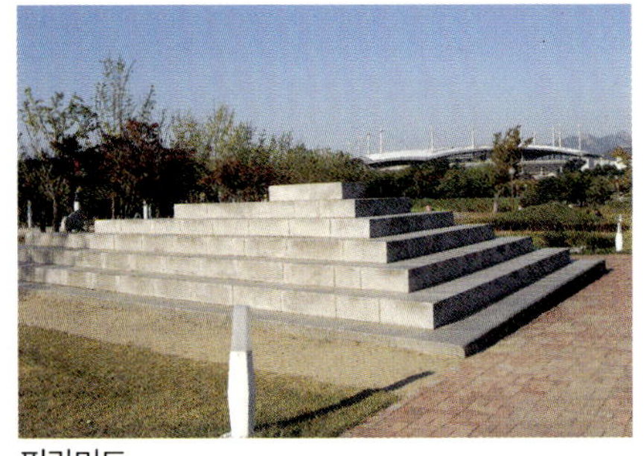
피라미드

　정원에는 7단의 피라미드가 있어요. ‘7’이라는 숫자가 뜻하는 희망과 피라미드가 상징하는 신비로움을 함께 나타낸 것이에요. 피라미드 주위에는 11개의 조형벽과 1개의 반사벽, 안개분수가 있어요.

　평화의 정원 옆에는 메트로폴리스 길이 있어요. 이 길에는 메트로폴리스 기념 광장이 있어요. 2002년에 개최된 ‘메트로폴리스 2002 서울총회’를 기념하는 세계 72개 도시의 로고를 새긴 조형물을 볼 수 있답니다.

　이 곳은 평평하고 확 트인 공간이어서 인라인 스케이트나 자전거를 탈 수 있어요.

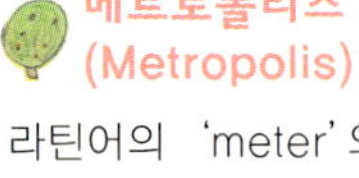
메트로폴리스
(Metropolis)

라틴어의 ‘meter’와 ‘polis’가 합쳐진 말로, 인구가 100만 명이 넘고, 국가의 경제나 문화의 주요 기능을 담당하는 대도시를 말해요.

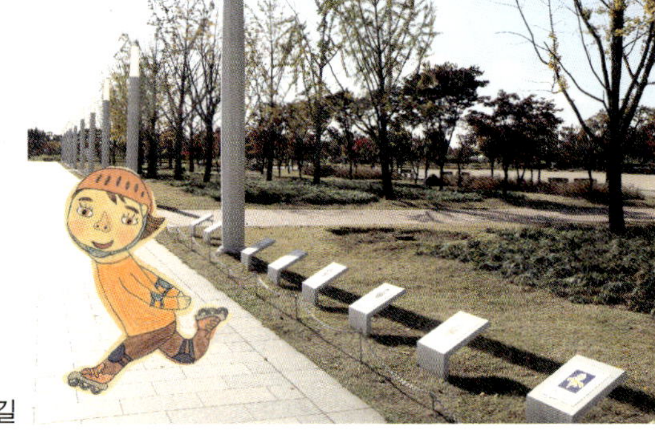
메트로폴리스 길

평화의 정원에서 꽃과 풀을 만나 보세요.

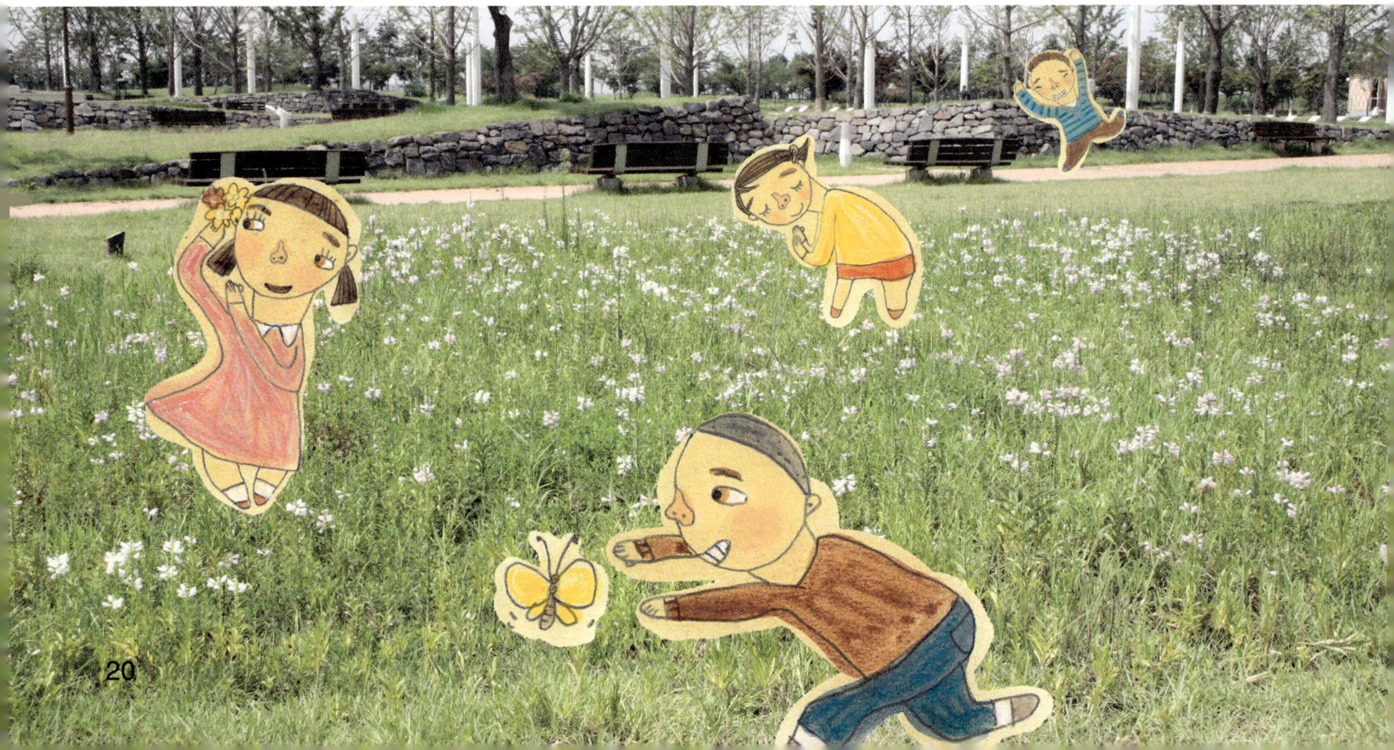

과거와 현재를 이어 주는 별자리 광장

메트로폴리스 길을 지나면 월드컵공원 개장을 기념하기 위해 많은 시민들이 참여해 기념식을 열었던 별자리 광장이 나와요. 별자리 광장은 새로운 천년을 맞이하자는 의미를 담아 만든 곳이랍니다. 별자리 광장 바닥에는 **천상열차분야지도**에 나오는 별자리를 새겨 놓았어요. 천상열차분야지도를 감싸고 있는 12개의 조명등은 십이간지를 뜻한답니다. 별자리 광장은 30여 개의 바닥분수가 있어 더 인기 있는 곳이기도 해요. 회화나무 쉼터에서 잠깐 쉬어 갈까요?

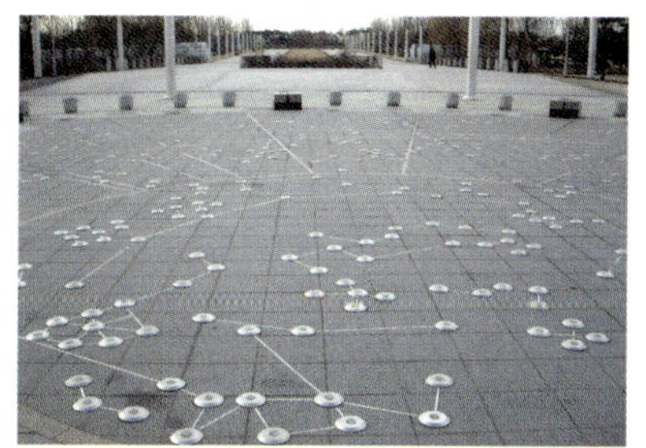

천상열차분야지도에 나오는 별자리가 새겨져 있어요.

천상열차분야지도
'하늘의 별자리를 차례로 배열한 그림'이라는 뜻의 이름이에요. 고구려에서 조선 초까지의 천체도를 종합해 1395년에 돌에 새겨 만든 천문도예요. 현재 국보 228호로 지정되어 있답니다.

여기서 잠깐!

12개의 조명등은 무엇일까요?

천상열차분야지도를 감싸고 있는 12개의 조명등은 무엇을 뜻할까요? (　　　)

① 12개국　　② 12간지
③ 12월　　　④ 12년

☞ 정답은 56쪽에

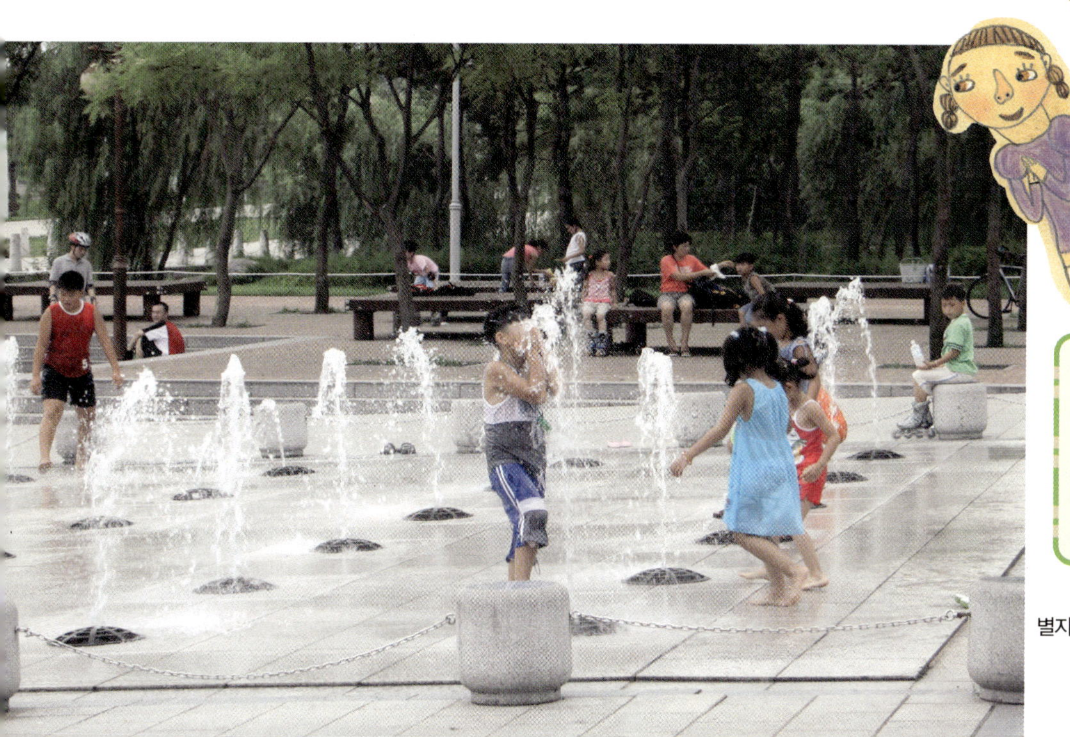

바닥분수 나오는 시간
5~10월 12:00~18:00
(매주 월요일은 쉬어요.)
*비가 오거나 안개가 짙게 낀 날, 바람이 세게 부는 날은 분수 모양이 흐트러지기 때문에 가동하지 않아요.

별자리 광장의 바닥분수

새 모습으로 단장한 폐기물 처리장

환경에 대한 관심이 많아지면서 우리 나라에도 쓰레기 매립장을 생태 공원이나 체육 시설로 만든 곳들이 많이 생겨 나고 있어요. 난지도 외에 어떤 곳들이 아름다운 생태 공원으로 탈바꿈했는지 알아보기로 해요.

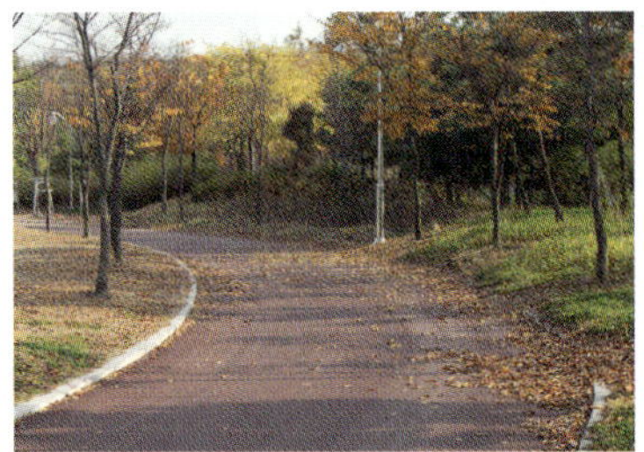

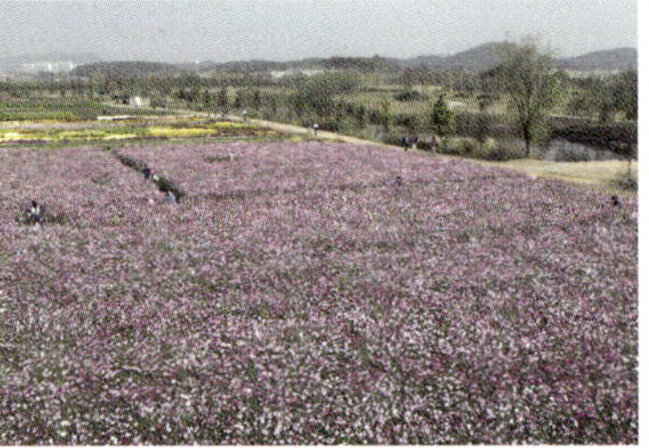

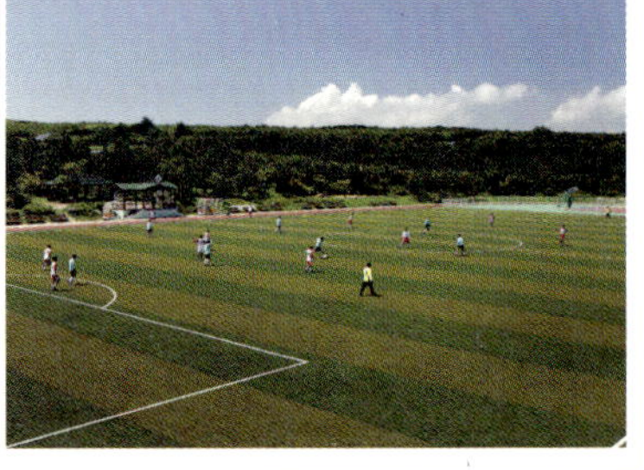

인천시 백석동에 자리잡은
수도권 매립지

1992년부터 이 곳에 서울, 인천, 경기도 지역에서 발생한 쓰레기를 매립했어요. 2000년, 매립이 끝난 제1매립장엔 야생화 단지와 체육공원을 만들었어요. 야생화는 매립 가스를 열에너지로 쓰고 있는 온실 에서 직접 키웠어요.

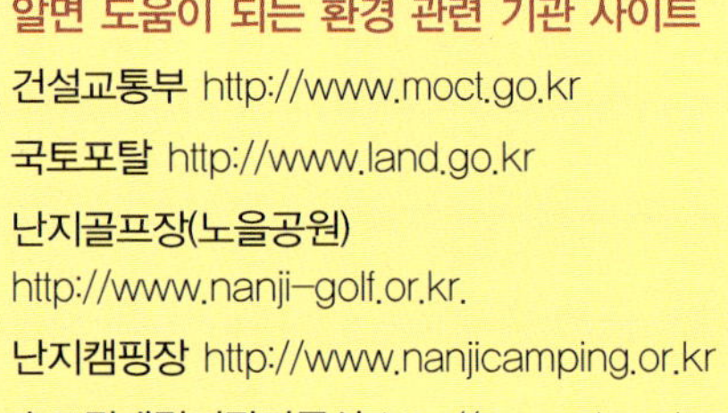

알면 도움이 되는 환경 관련 기관 사이트

건설교통부 http://www.moct.go.kr

국토포탈 http://www.land.go.kr

난지골프장(노을공원)
http://www.nanji-golf.or.kr.

난지캠핑장 http://www.nanjicamping.or.kr

수도권매립지관리공사 http://www.slc.or.kr

한국환경자원공사 http://www.envico.or.kr

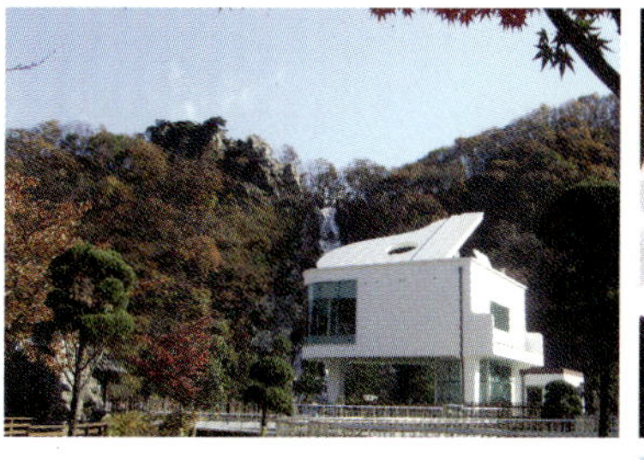

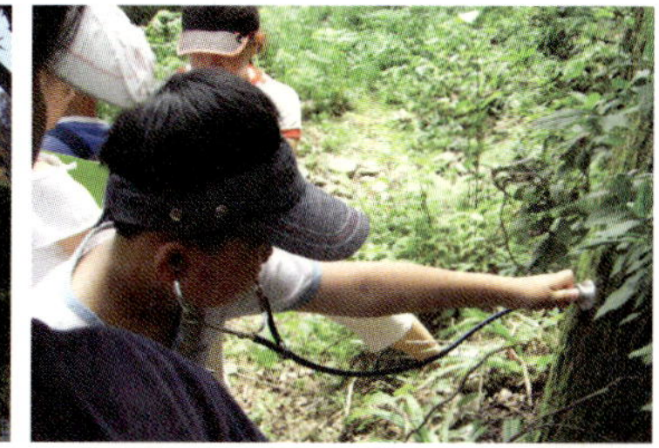

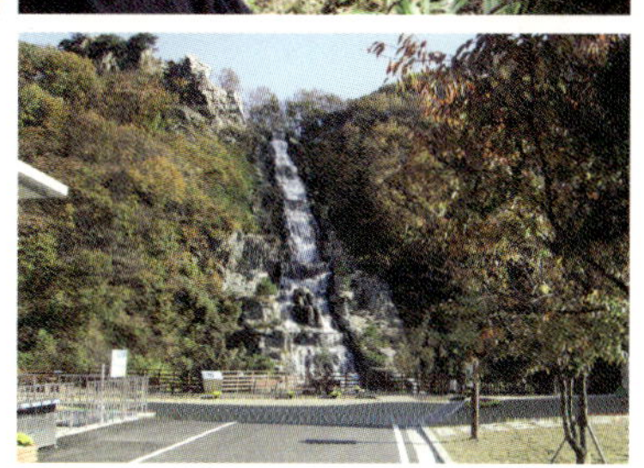

경기도 남양주시 화도읍
화도 하수처리장
더러운 물을 깨끗하게 처리한 뒤 다시 내보내는 과정에서 이 물을 이용하여 높이 98미터의 인공폭포를 만들었어요. 이것은 세계 최초로 하수 처리 방류를 이용한 최고 높이의 인공폭포랍니다.

대구시 대곡동에 있는 **대구 수목원**
대구에는 전국 최초로 쓰레기 매립장에 8만 그루의 나무와 27만 포기의 화초를 심은 도시형 수목원이 있어요.

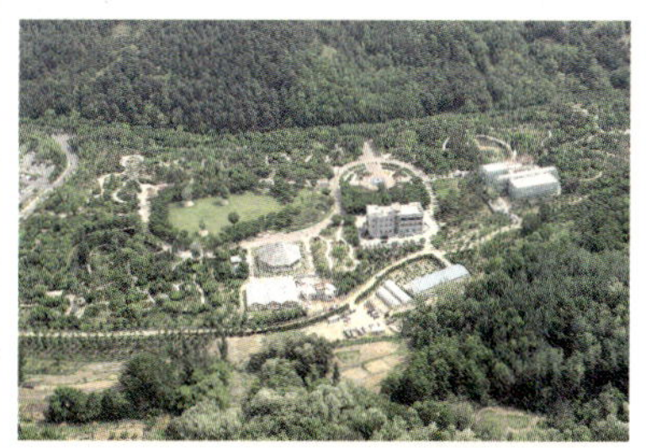

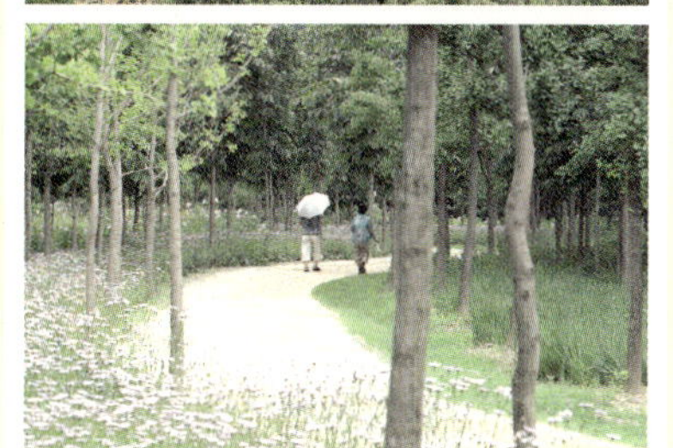

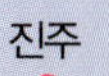

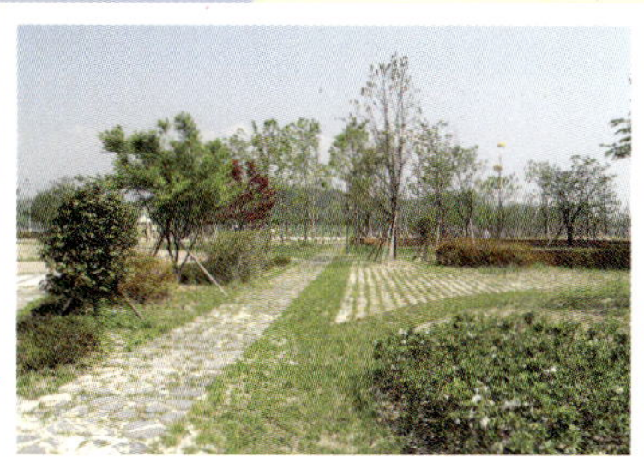

경남 진주시 초전동에 만들어진 **초전공원**
이 곳은 월드컵공원과 달리 매립했던 쓰레기를 다른 곳으로 옮긴 뒤 만들었어요. 그리고 오염되지 않은 땅이 나올 때까지 흙을 파낸 다음, 새로운 흙을 덮고 그 위에 공원을 꾸몄지요.

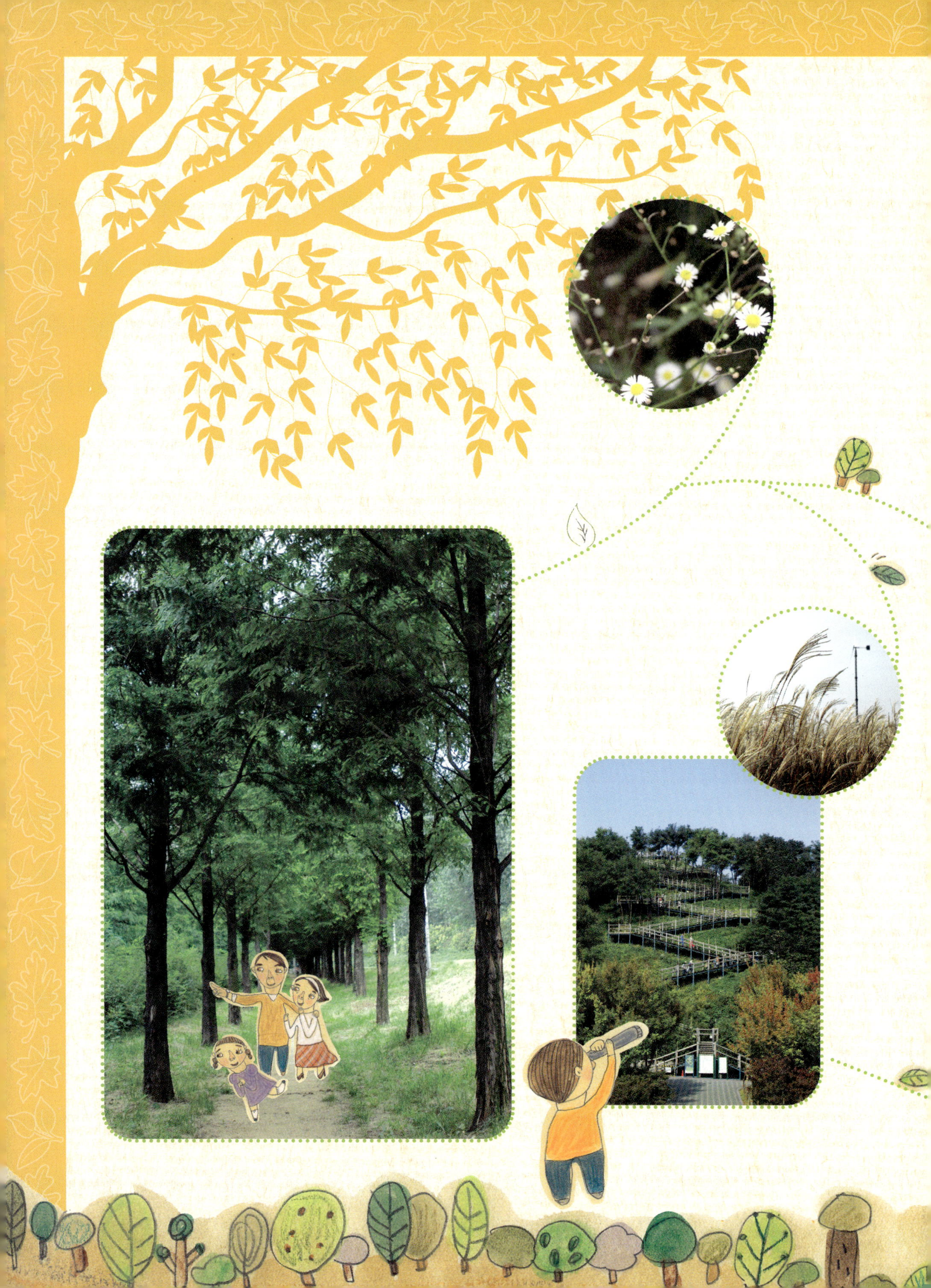

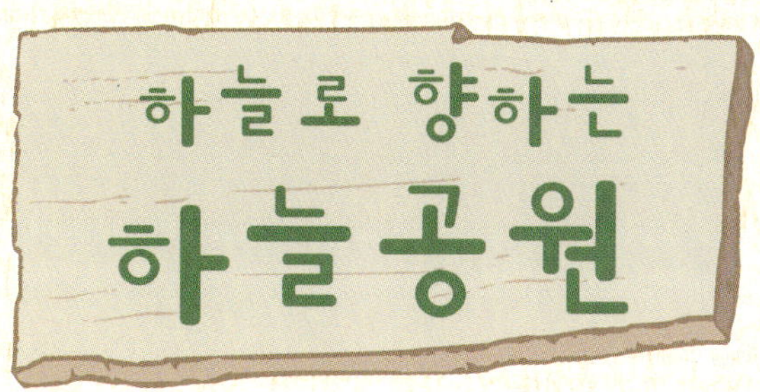

월드컵공원에서 가장 높은 곳에 자리잡은 하늘공원은 하늘에 닿을듯 가까운 곳에 있다고 해서 붙여진 이름이에요.

하늘공원은 쓰레기를 매립해서 만든 인공적인 곳으로, 난지도 중에서 가장 메마른 땅에 만들었어요. 그래서 이렇게 건조하고 척박한 곳에서도 살 자라는 식물을 심어 공원을 만들었답니다. 하늘공원에는 외국에서 들어온 풀들도 많이 있어요. 그럼, 지금부터 하늘공원 초지*로 떠나 볼까요?

*초지 : 풀이 나 있는 땅을 말해요. 가축을 기르거나 풀과 나무를 가꾸는 데 이용하지요.

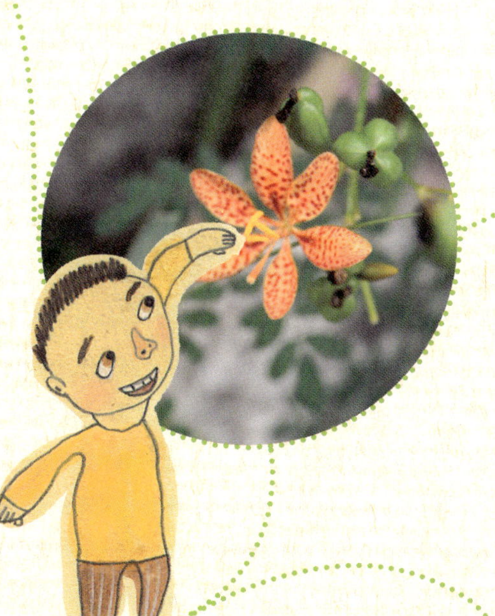

하늘공원 꼼꼼히 돌아보기

하늘공원에 도착했다면 먼저 탐방객 안내소에 가 보세요. 여러 가지 생태 프로그램을 안내해 주거나 전시하고 있어요. 안내소를 나오면 순초지, 혼생초지, 띠와 억새로 이루어진 넓은 초지가 펼쳐져요. 하늘을 올려다보면 다섯 개의 풍력발전기를 볼 수 있어요. 하늘공원을 둘러싸고 있는 전망대에서 한강과 서울 시내를 내려다보는 것도 좋아요.

탐방객 안내소 ⸱⸱⸱▶ 넓은 초지 ⸱⸱⸱▶ 전망대

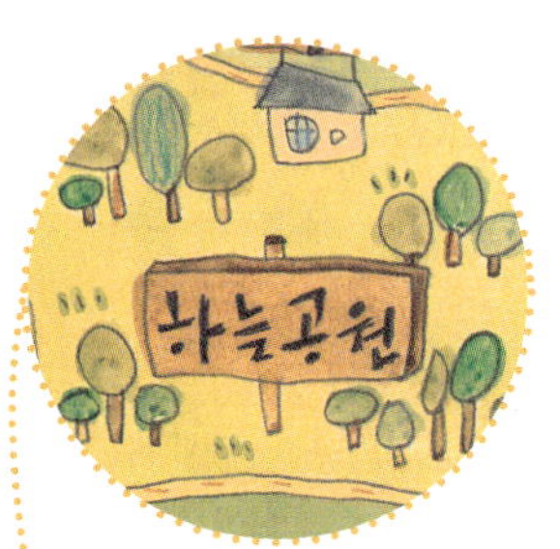

하늘공원으로 함께 가요

하늘공원은 땅바닥이 불안정해서 높은 건물을 지을 수가 없어요. 그래서 탐방객 안내소와 풍력발전기, 휴식 공간 등을 제외하고는 시설물이 거의 없답니다. 초지가 펼쳐져 있는 하늘공원에서 다시 살아나고 있는 생명의 신비를 느껴 보세요.

계단으로 갈까? 산책로를 따라갈까?

하늘공원에 올라가는 방법은 여러 가지가 있어요. 먼저, 평화의 공원에서 보이는 하늘계단을 따라 올라가 볼까요? 이 계단은 땅바닥에 닿지 않게 만들어 놓았어요. 주위에 자라고 있는 식물을 보호하기 위해서지요. 또한 이렇게 해 놓으면 비가 왔을 때 물이 잘

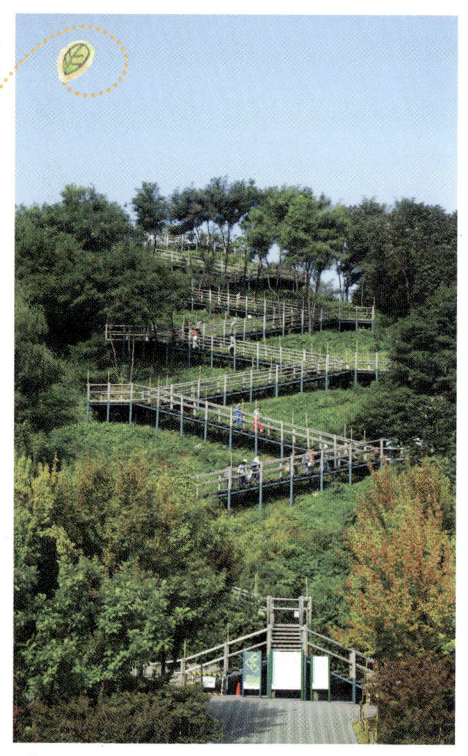

하늘계단
하늘공원으로 올라가는 사람들로 가득한 이 곳이
바로 하늘계단이랍니다.

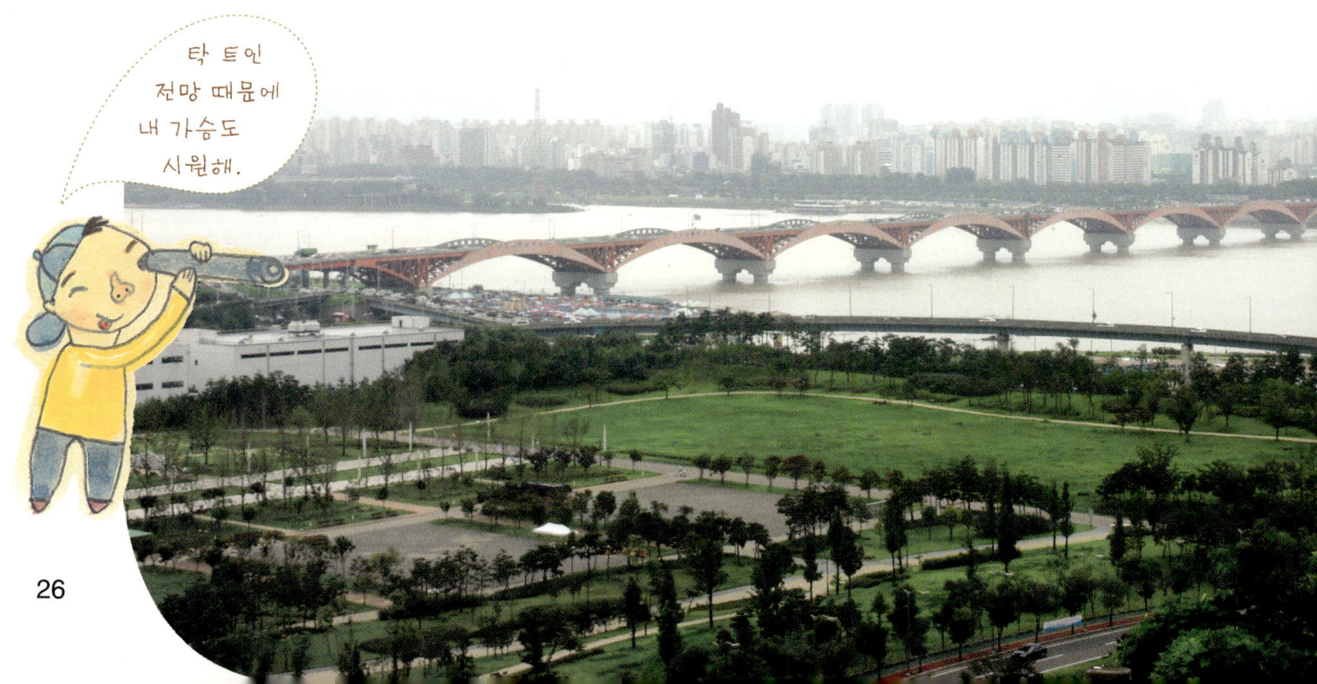

빠지고, 동물들도 돌아다니기 쉽답니다. 그런데 올라가기 힘들다고요? 그럼, 잠깐 뒤를 돌아보세요. 월드컵경기장과 평화의 공원, 그리고 한강까지 시원하게 펼쳐진 모습이 멋지지 않나요? 조금 쉬고 다시 한 번 힘을 내서 끝까지 올라가 보세요.

이쪽말고도 계단 왼쪽으로 완만하게 나 있는 산책로를 따라서 올라가는 방법도 있어요. 혹은 삼림욕장길을 지나서 올라가거나, 난지천공원 난지잔디광장을 지나서 올라갈 수도 있어요.

하늘공원에 올라가기 전, 한강 쪽으로 난 길에 메타세콰이어를 약 1킬로미터 정도 심어 놓았어요. 20~30미터의 큰 키를 자랑하는 메타세콰이어가 양쪽으로 늘어서 있어서 달리기나 산책 코스로 아주 좋아요. 나무가 울창한 이 길을 걷다 보면 기분이 상쾌해지는데 바로 나무에서 나오는 '피톤치드' 때문이에요. 나무 길을 걸으며 스트레스를 날려 보세요. 또 이 곳은 봄에는 유채꽃이, 가을에는 메밀꽃이 피어 아름다운 경관을 자랑해요.

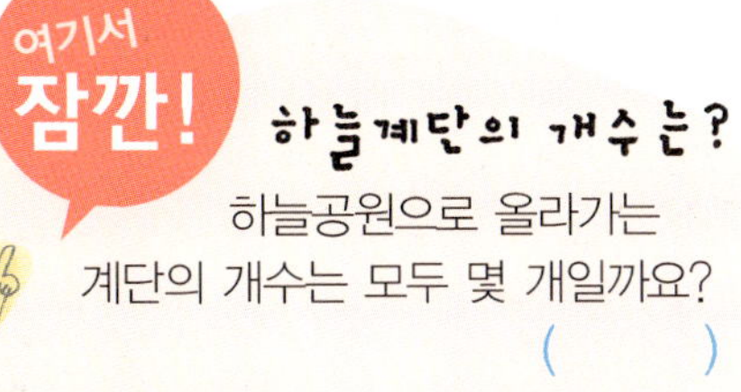

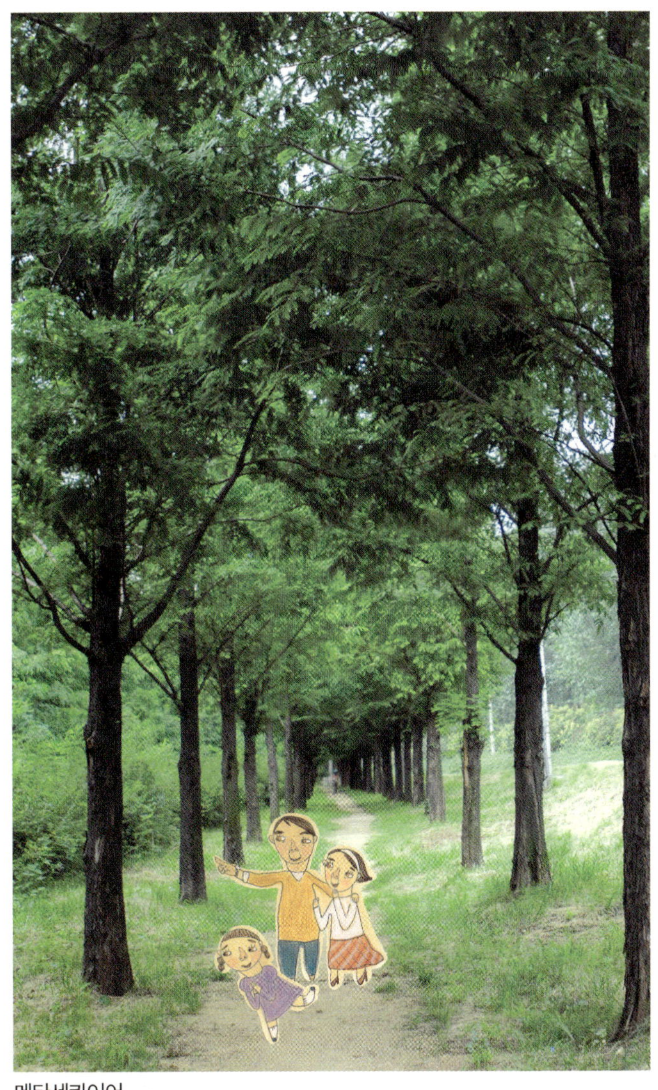

메타세콰이어
하늘공원에 오르기 전이나 내려오면서 둘러보면 좋아요.

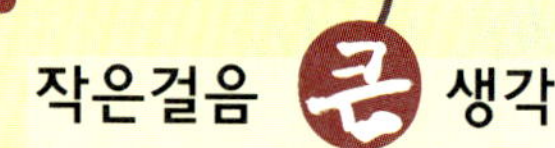

하늘공원 비탈면에 사는 나무들

혹시 하늘공원으로 올라가는 길에 있는 나무를 잘 관찰해 보았나요?

이 곳에는 버드나무, 가죽나무, 아까시나무 등이 주로 자라고 있어요. 비탈면을 덮기 위해 흙을 가져오면서 흙에 묻혀 있던 씨가 자랐거나, 난지천에서 날아온 씨앗이 자리를 잡아 나무로 자랐어요.

하지만 하늘공원 비탈면의 흙에는 물이 많지 않아서 나무나 풀이 잘 자라기 어려워요. 그래서 메마른 땅에서도 잘 자라는 나무들에게 자리를 빼앗기고 있다고 해요. 이런 환경 때문에 우리 나라 토종식물이 없어지고 있지요.

가죽나무와 아까시나무는 외국에서 들어온 귀화식물이에요. 이 나무들은 매우 척박한 환경에서도 잘 자라는 나무랍니다. 그 중에서도 아까시나무는 하늘공원 비탈면처럼 건조하고 영양분이 없는 흙에서도 잘 자라기 때문에 점점 차지하는 면적이 넓어지고 있지요. 이렇게 풀과 나무가 자라면서 새로운 환경을 만들거나, 새로운 나무가 세력을 넓혀 점점 많아지는 것을 '식생천' 이라고 해요.

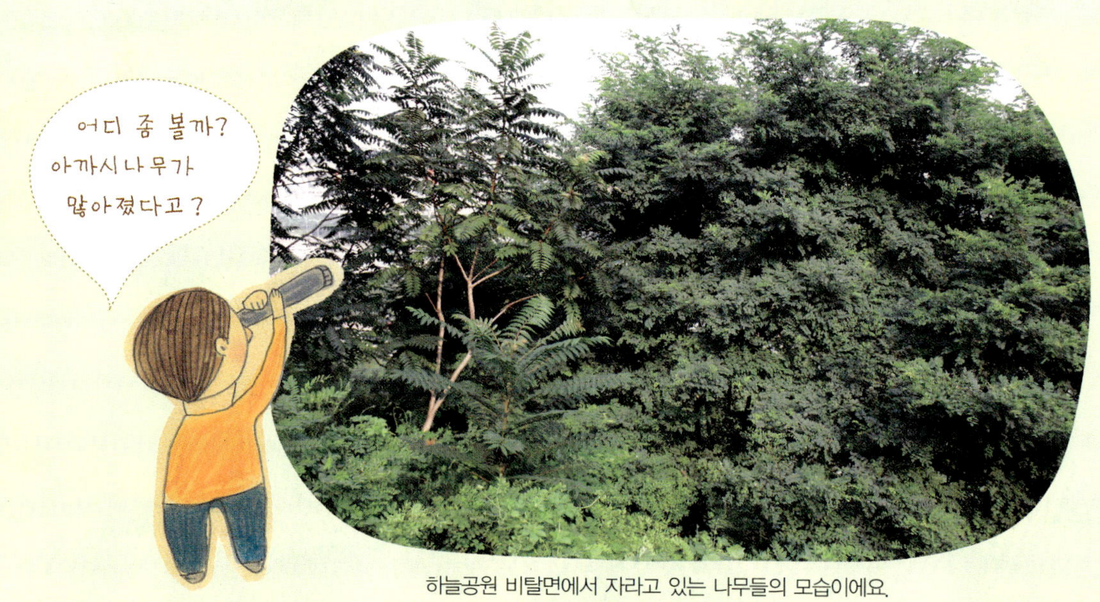

하늘공원 비탈면에서 자라고 있는 나무들의 모습이에요.

초지가 펼쳐진 하늘공원

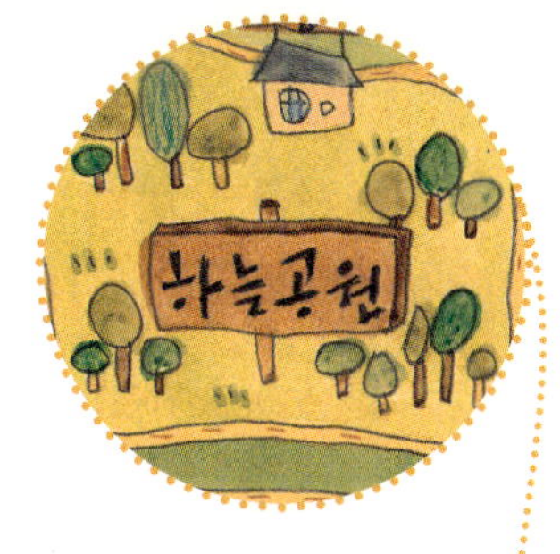

하늘공원에 다 올라왔나요? 자, 눈 앞에 펼쳐진 풍경을 보세요. 넓게 펼쳐진 초지를 바라보니 올라오느라 힘들었던 생각이 싹 잊혀지지요. 하늘 아래 넓게 펼쳐진 아름다운 초지를 감상하며 초지로 난 길을 마음껏 거닐어 보세요.

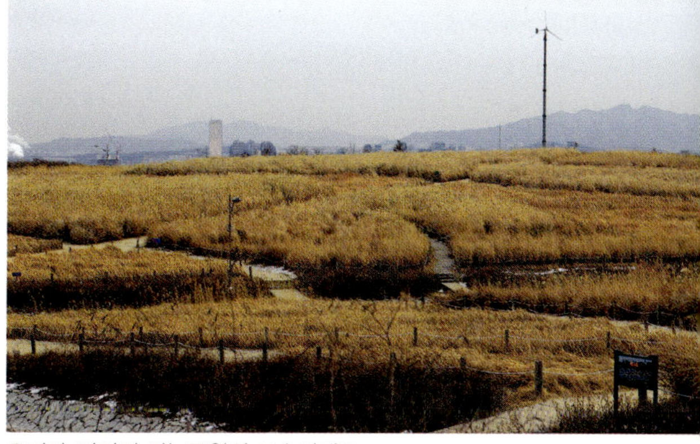

초지가 펼쳐진 하늘공원의 모습이에요.

탐방객 안내소

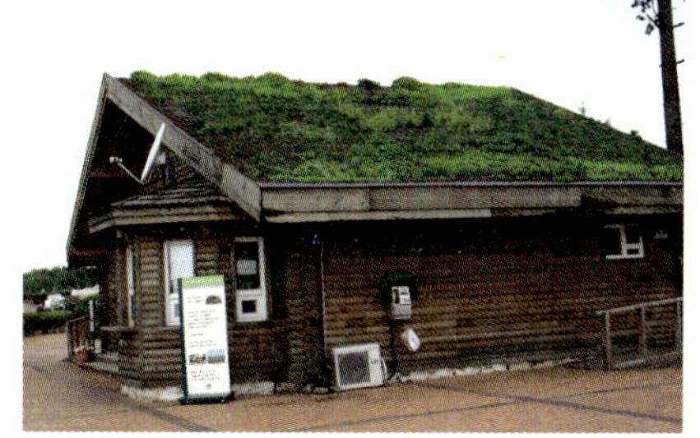

옥상녹화를 해 놓은 탐방객 안내소 모습이에요.

하늘공원의 입구에서 우리를 가장 먼저 맞이하는 것은 탐방객 안내소예요. 하늘공원은 **지반**이 약해서 건물을 지을 수 없지만 탐방객 안내소가 있는 곳은 비교적 **침하**가 잘 일어나지 않는 곳이래요. 탐방객 안내소에서는 하늘공원에서 이루어지는 생태학습 프로그램을 진행하고 있어요. 안으로 들어가면 하늘공원과 관련된 사진이나 자료를 볼 수 있어요.

잠깐, 탐방객 안내소 옥상을 올려다보세요. 다른 건물들의 옥상과 모습이 다르지요? 옥상녹화를 했기 때문이에요.

> **지반**
> 땅의 표면을 말해요.

> **침하**
> 자연물이나 건물이 내려 앉는 것을 말해요.

푸른 정원이 있는 옥상

탐방객 안내소처럼 최근에는 도시의 높은 빌딩 옥상을 정원으로 꾸미는 곳이 많아졌어요. 이렇게 건물 옥상을 푸르게 만드는 것을 옥상녹화라고 해요.

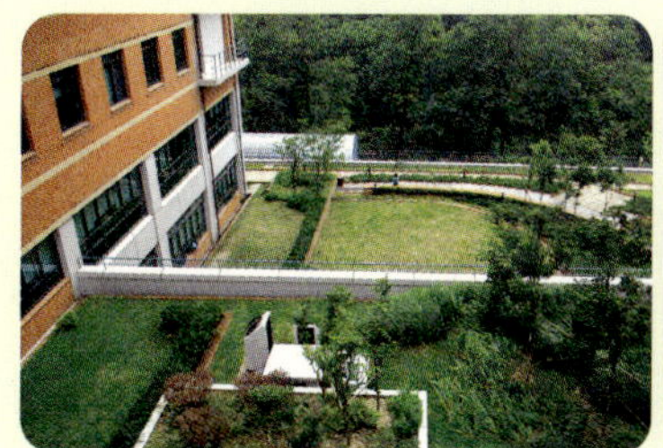

서울대학교 농업생명과학대학 옥상

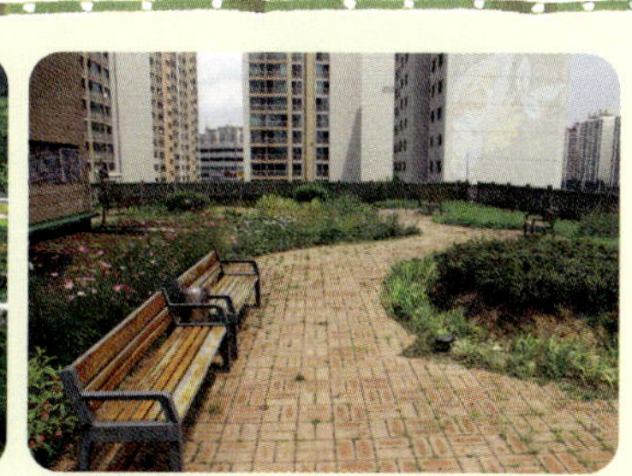

안성 기계공구상가 하늘뜰

띠와 억새로 만들어진 길과 혼생초지

　탐방객 안내소 앞쪽으로는 넓은 초지가 펼쳐져요. 하늘공원의 넓은 초지는 크게 세 부분으로 나뉘어 있었어요. 하지만 지금은 순초지가 거의 사라져 두 부분으로 나눠져요.

　가장 넓은 면적을 차지하는 부분에는 띠와 억새가 심어져 있어요. 띠는 억새와 비슷하지만 꽃이 피는 시기가 다르답니다. 띠는 5~6월

억새

벌개미취

수크령

쉬땅나무

범부채

노루오줌

칡

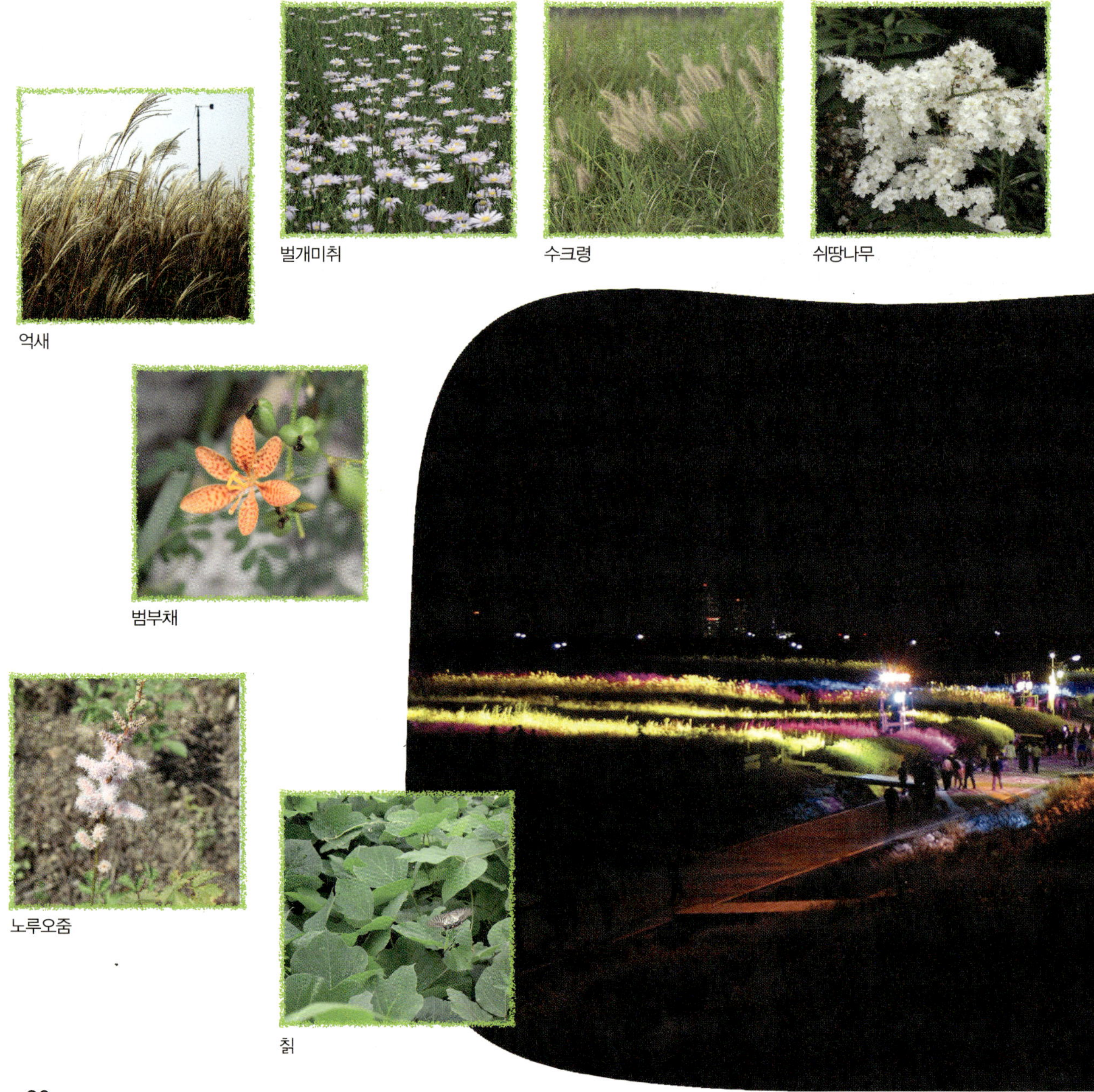

에 꽃이 피고, 억새는 9~10월에 꽃을 피워요. 길을 따라 걸으면서 자연이랑 친구해 봐요. 그런데 하늘공원의 초지를 둘러싸고 있는 가장자리가 특이해 보여요. 바로 자연형 배수로 때문이에요. 이 배수로는 생물들을 보호하는 역할을 해요.

띠와 억새로 만들어진 길 말고도 혼생초지가 있어요. 혼생초지에는 우리 나라 토종식물과 귀화식물을 함께 심어 놓았어요. 귀화식물은 난지도 쓰레기 매립장처럼 척박한 땅을 회복시키는 역할을 하고, 흙이 빗물에 쓸려 내

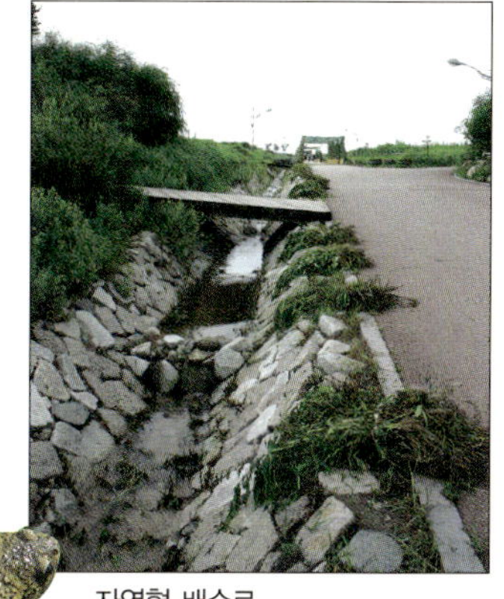

자연형 배수로
하늘공원의 초지를 둘러싸고 있는 배수로는 일반형 배수로와는 달리 자연형 배수로예요. 자연형 배수로는 맹꽁이와 같은 동물들이 빠져도 질 빠져나올 수 있게 되어 있어요.

억새 축제 때 밤 풍경이에요.

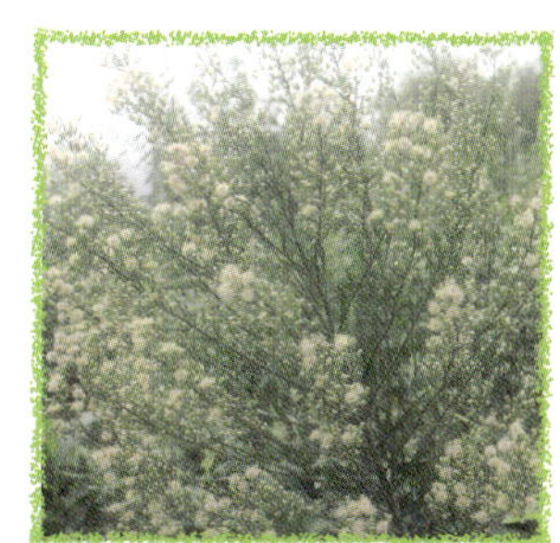

산구절초

망초

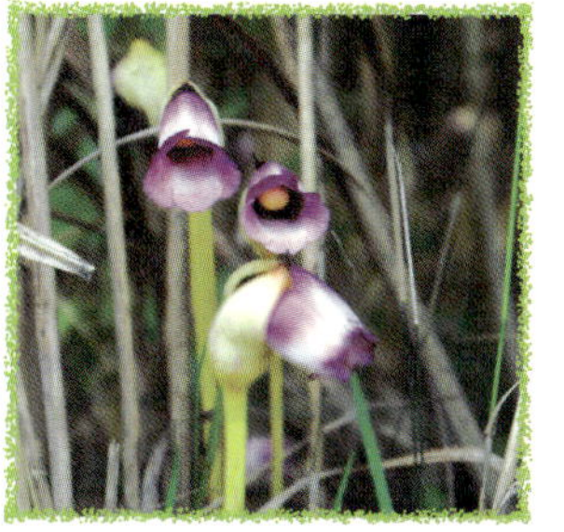

야고

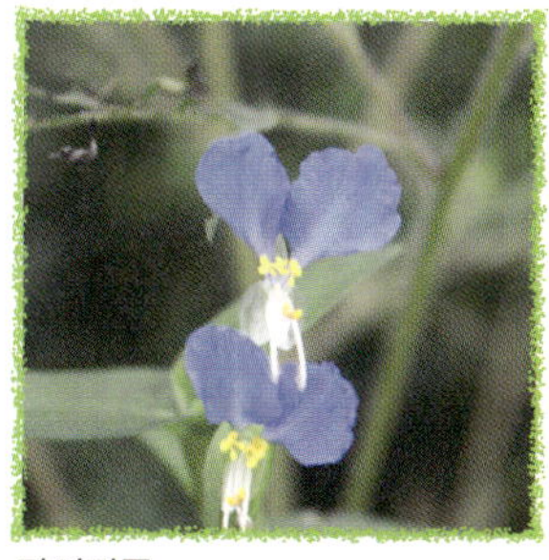

닭의장풀

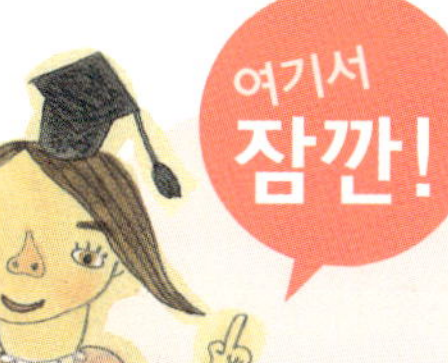

다음 중 하늘공원에서 자라고 있는 식물이 아닌 것을 고르세요.

(　　　)

① 억새　　　② 띠
③ 구절초　　④ 버드나무

정답은 56쪽에

려가는 것을 방지하는 장점이 있어요. 하지만 우리의 소중한 토종식물을 밀어 내고 자연 생태계를 교란시킬 수 있답니다.

그럼, 토종식물이 왜 중요할까요? 토종식물은 아직까지 개발되지 않은 새로운 약의 재료로 쓰일 수 있고, 다양한 곤충과 새들에게 먹이를 제공해서 자연 생태계가 다양한 모습으로 유지될 수 있도록 해 주기 때문이랍니다.

이 밖에도 하늘공원의 곳곳에는 여러 가지 특징이 있어요. 초지가 펼쳐져 있는 하늘공원에서는 쓰레기 매립장의 흔적을 찾아볼 수 있는 시설물이 있답니다. 그것은 바로 꽃과 풀들 사이사이에 있는 지표침하판과 가스포집공이에요.

지표침하판은 하늘공원의 땅이 얼마나 가라앉고 있는지 조사하는 것이에요. 쓰레기가 매립되어 있기 때문에 계속 땅이 내려앉고 있거든요. 그래서 땅이 내려앉는 정도를 꾸준히 조사하고 있지요. 가스포집공은 매립된 쓰레기에서 나오는 가스를 모으는 시설이에요. 매립 가스를 연료로 만들기 위한 시설이랍니다.

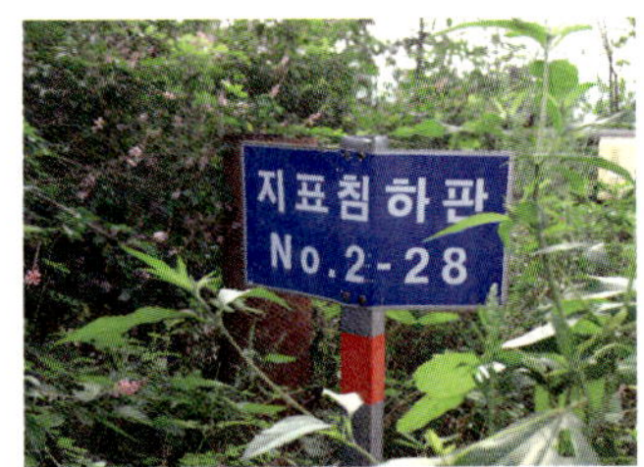

지표침하판

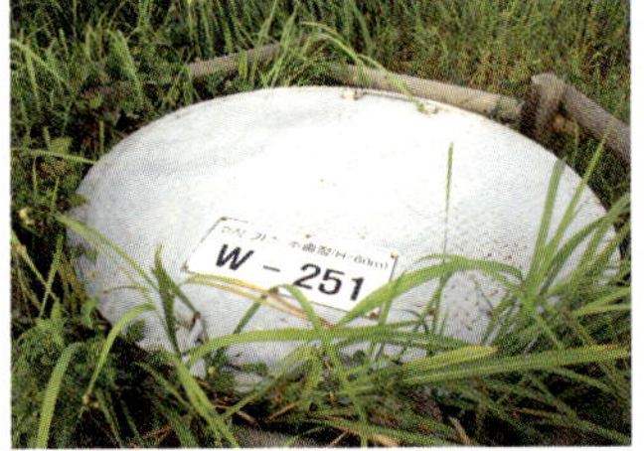

가스포집공

귀화식물이 뭐예요?

하늘공원에는 400여 종의 식물이 살고 있는데, 그 중에 귀화식물이 120여 종이나 돼요. 하늘공원을 '귀화식물의 천국'이라고 할 만하지요. 대표적인 귀화식물로는 미국자리공, 단풍잎돼지풀, 미국쑥부쟁이, 큰달맞이꽃 등이 있어요. 이런 귀화식물들은 척박했던 하늘공원을 점차 기름지고 안정시키는 데 밑거름이 되지요.

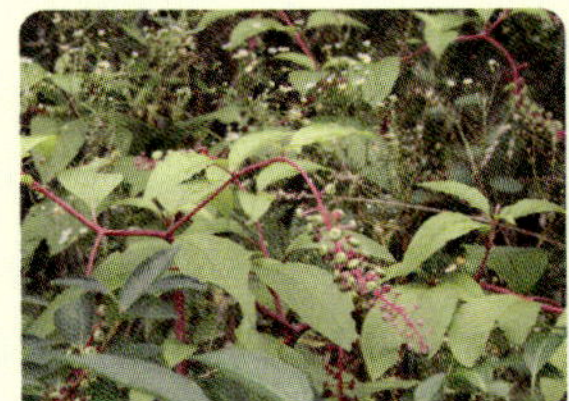

미국자리공

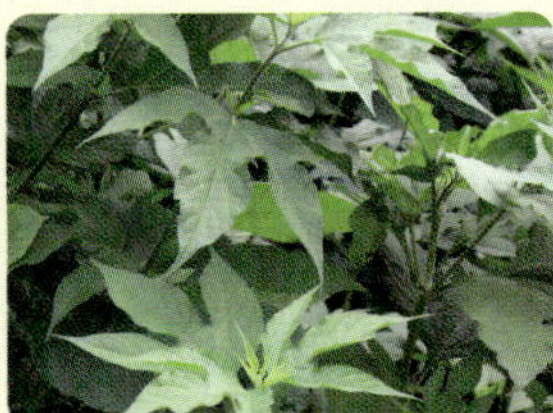

단풍잎돼지풀

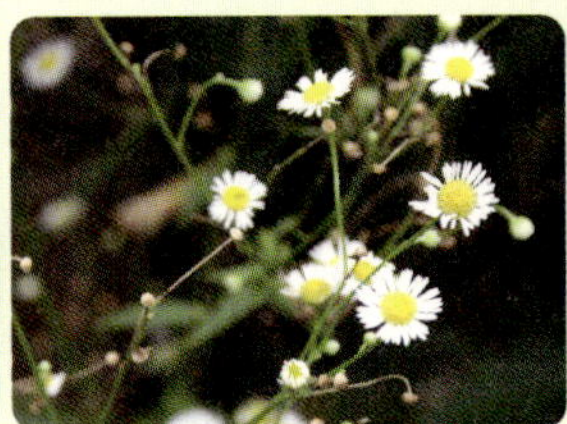

미국쑥부쟁이

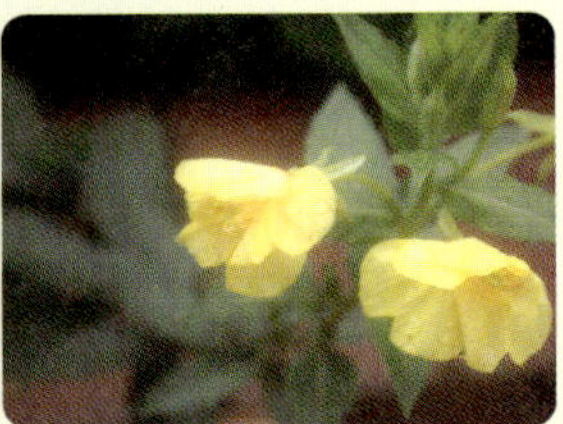

큰달맞이꽃

바람을 따라 도는 풍력발전기

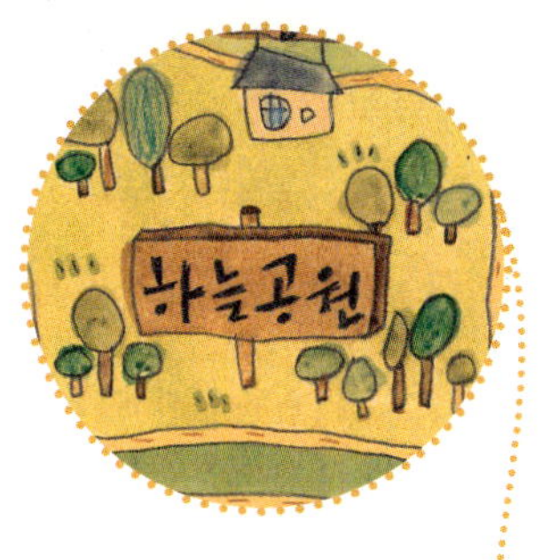

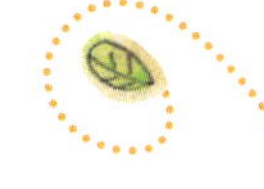

하늘공원에 올라오면서 다섯 개의 커다란 바람개비 모양의 시설물을 보았을 거예요. 이것은 바람을 이용하여 전기를 만들어 내는 풍력발전기랍니다. 풍력발전기를 하늘공원에 설치한 이유는 과거에 심어진 난지도의 이미지를 바꾸고, 대체에너지에 대한 시민들의 관심을 높이기 위해서예요.

바람의 힘을 이용해 전기를 만들어 내는 풍력발전기를 직접 보면서 환경친화적인 에너지 생산 방법에 대해 느낄 수 있게 한 것이지요. 다섯 개의 풍력발전기가 각각 20킬로와트의 전기를 생산하는데, 이것은 가정용 형광등 500개를 동시에 켤 수 있는 양이라고 해요. 엄청난 양이죠? 이렇게 생산된 전기는 하늘공원의 가로등과 탐방객 안내소 등에서 사용하고 있어요.

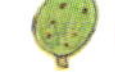 **대체에너지**

석탄, 석유와 같이 이산화탄소를 내뿜지 않고도 전기를 만들 수 있는 자원을 말해요. 예를 들면, 태양열, 풍력(바람), 조력(밀물과 썰물의 차), 지열 등이 있어요.

여기서 잠깐!

이 시설의 이름은?

친환경적인 시설로, 온실가스의 발생을 줄이는 방법 중 하나예요. 바람을 이용하여 전기를 만드는 이것의 이름은 무엇일까요? (   )

① 지표침하판
② 가스포집공
③ 풍력발전기
④ 탐방객 안내소

☞ 정답은 56쪽에

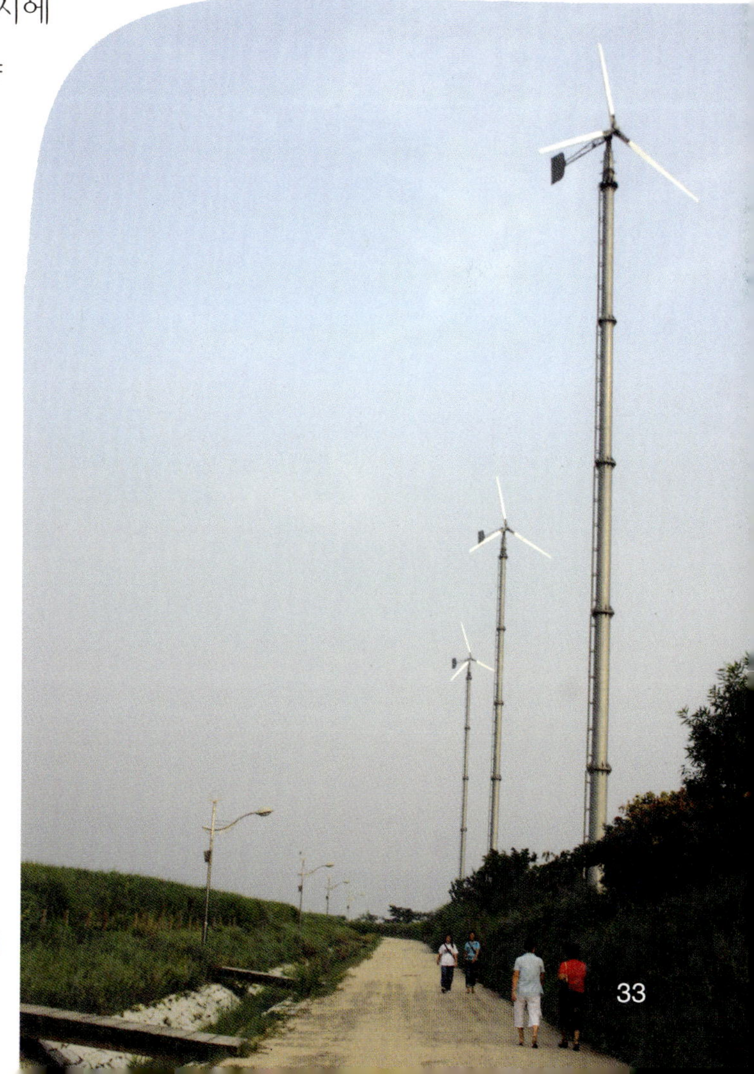

하늘공원의 풍력발전기

33

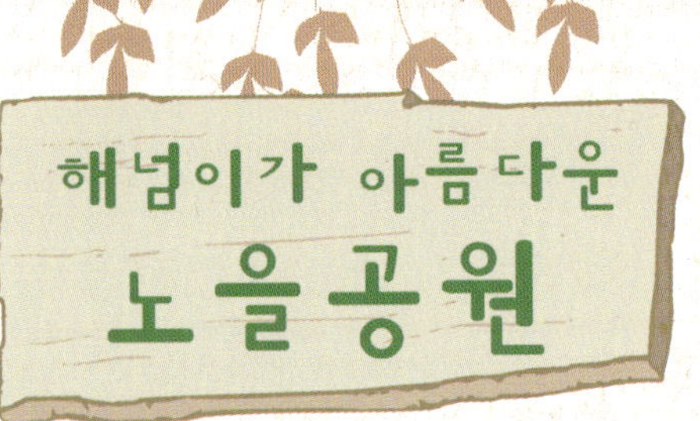

공원 이름에서 느낄 수 있듯이 노을공원은
서울에서 해넘이가 가장 아름다운 공원이에요.
노을공원은 전체 면적의 반 이상이 대중골프장으로
꾸며져 있고, 나머지 부분은 바람의 광장, 전망대,
노을광장, 자생화단 등 시민들이 이용할 수 있는
공간으로 되어 있어요.

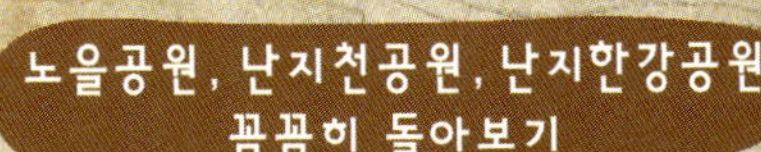

노을공원, 난지천공원, 난지한강공원 꼼꼼히 돌아보기

하늘공원으로 올라가는 길에 있는 메타세콰이어
길을 지나서 오른쪽으로 더 가면 노을공원 입구
가 나와요. 노을공원은 미리 예약을 하고 가야
해요. 또 반드시 안내자와 함께 올라가야 해요.
하늘공원과 노을공원 아랫부분을 감싸고 흐르는
난지천을 따라 난지천공원이 만들어졌어요. 난
지천공원으로 들어갈 수 있는 입구는 여러 곳이
에요. 평화의 공원과 하늘공원을 이어 주는 연결
다리를 건너서 도로를 따라 한강 쪽으로 걸어가
면 난지한강공원이 나와요. 평화의 공원 놀이터
뒤쪽에서도 난지한강공원으로 갈 수 있어요.

난지천공원

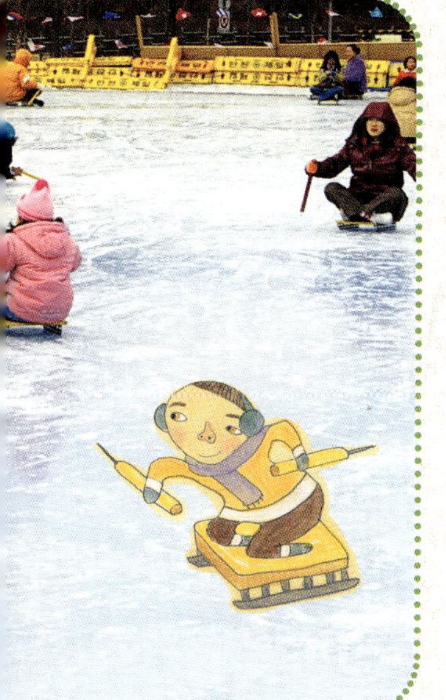

　침출수와 생활하수 등으로 오염이 심했던 난지천은
장마철이 아니면 거의 물이 흐르지 않는 죽은 하천이었어요.
이렇게 죽어 있던 난지천이 자연형 하천으로 다시 태어났어요.
지금 난지천공원에는 평화의 공원에 있는 난지연못에서
하루 5,000톤가량의 물이 흘러들어 오면서 갈대와 부들,
버드나무를 비롯한 각종 물가에서 자라는 식물들이 살고 있어요.

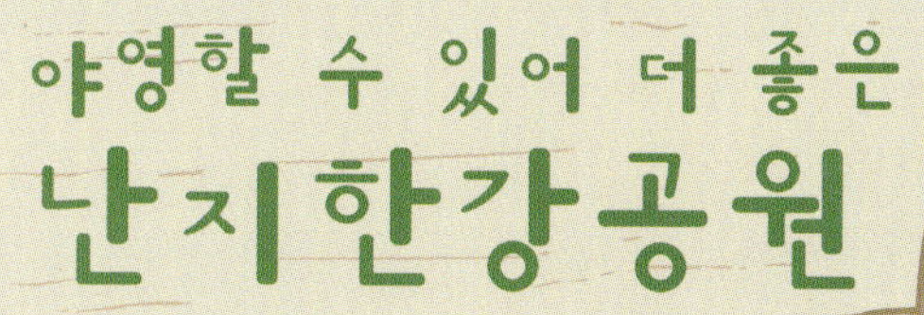

난지한강공원

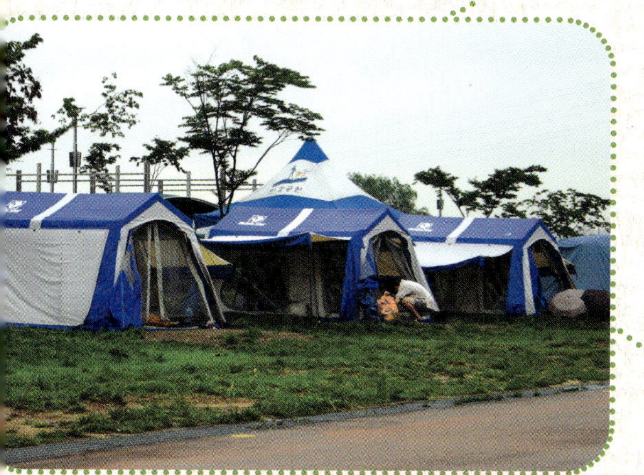

　난지한강공원은 난지도와 한강이 만나는
난지도 둔치에 있어요. 이 곳에서는 레포츠나
야영을 즐길 수 있지요. 2002년 월드컵대회를
지원하는 장소로 활용되기도 했어요.

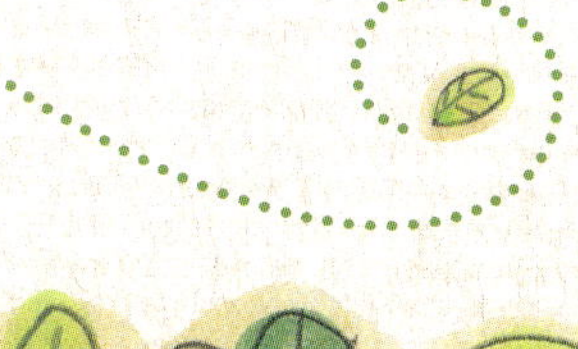

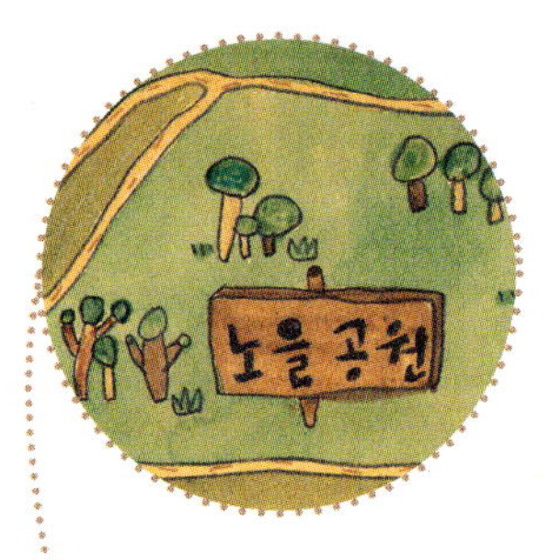
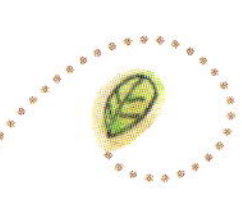

바람이 머무는 노을공원

노을공원 역시 쓰레기 매립장 위에 꾸며 놓은 곳이에요. 그래서 땅이 쉽게 꺼질 수 있기 때문에 골프장의 클럽하우스와 주차장, 침출수 처리장, 자원회수시설, 한국지역난방공사 등과 같은 시설물은 노을공원 아래쪽에 위치해 있어요.

모두에게 열려 있는 난지골프장

노을공원에는 총 면적의 57%를 차지하는 난지골프장이 있어요. 노을공원의 난지골프장은 일반 골프장보다 규모가 작은 대중골프장이에요. 가장자리를 따라서는 골프장 바깥쪽의 다른 휴게 시설을 이용하는 데 방해되지 않도록 나무를 심어 분리시켜 놓았지요. 난지골프장의 특징 가운데 하나는 맹꽁이의 이동 통로를 설치해 환경 친화적으로 만들었다는 점이에요. 그런데 지금은 서울시와 국민체육공단 사이에 문제가 해결되지 않아 시범적으로 운영하고 있답니다.

노을공원은 난지골프장 말고도 자연 식생지와 다양한 운동 시설

가오리연을 만들어 보아요!

바람의 광장처럼 바람이 많이 불고 넓게 트인 공간은 연날리기를 하기에 아주 좋아요. 직접 만든 연을 들고 이 곳에 올라가서 날려 보아요.

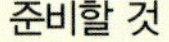

준비할 것
한지(가로 36cm, 세로 36cm), 가운데살(두께 2mm, 넓이 3mm, 길이 53cm), 어깨살(두께 1.8mm, 넓이 2mm, 길이 643mm), 꼬리용 한지, 풀, 실, 얼레

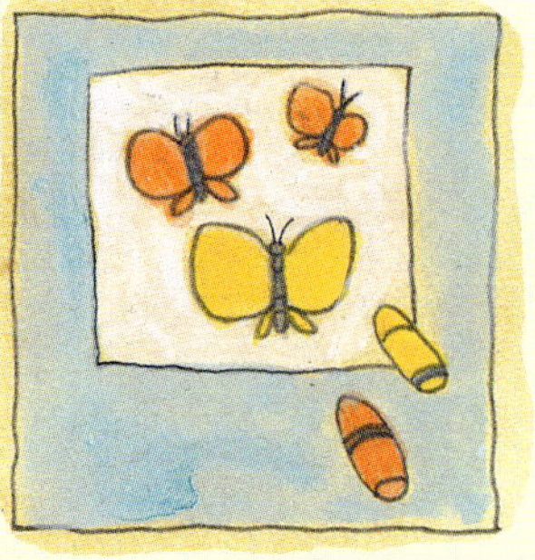

1 마음에 드는 그림을 그려요.

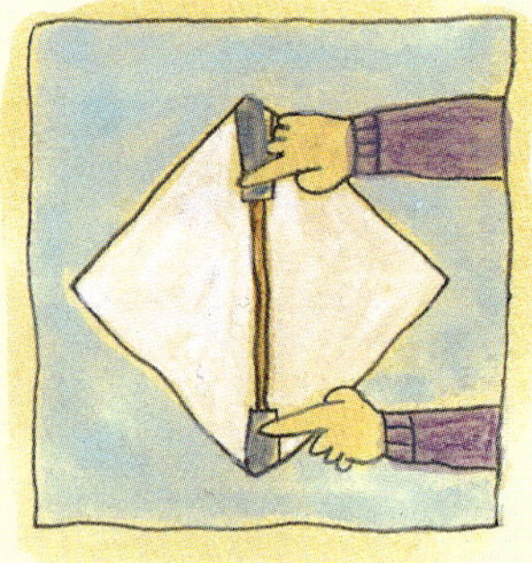

2 정사각형으로 자른 한지를 다이아몬드 모양으로 놓고, 대살 표면을 종이에 대고 잘라 풀로 붙여요.

및 산책로 등이 있어 여가를 즐길 수 있어요.

　먼저 생태 연못은 다양한 수생 식물을 관찰할 수 있도록 생태 관찰로를 만들어 놓았어요. 생태 관찰로를 따라가면, 노을공원의 남쪽에 있는 바람의 광장을 만날 수 있지요. 바람이 무척 세게 불어서 붙여진 이름인가 봐요.

　바람의 광장을 뒤로 하고 계속 걷다 보면 전망대를 볼 수 있어요. 전망대에서 경치를 감상해 봐요. 전망대를 지나서 서쪽 끝에 도착하면 노을공원을 대표하는 노을광장이 있어요. 봄에는 노을광장의 자생화단에서 각양각색의 꽃을 관찰할 수 있답니다.

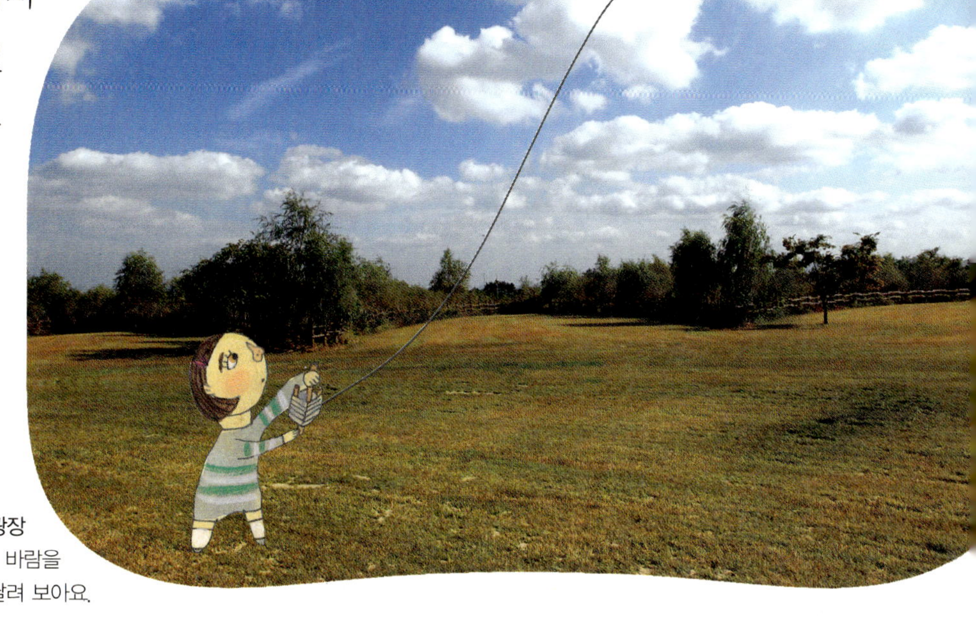

바람의 광장
드넓은 잔디밭에서 바람을
가르며 연을 날려 보아요.

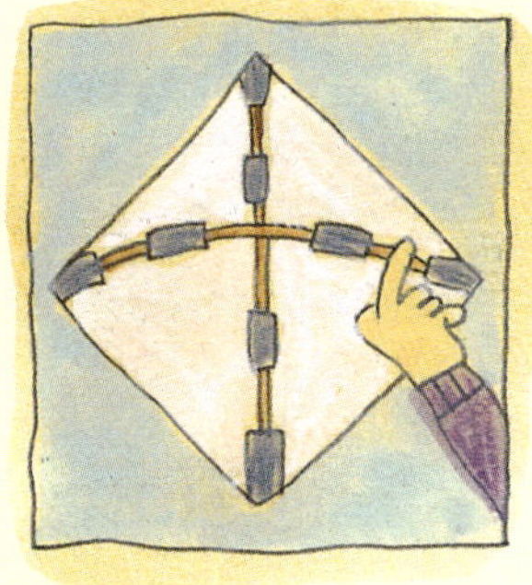

3 양쪽 끝을 먼저 붙인 뒤, 대살의 중간중간에 한지를 이용하여 풀로 붙여요.

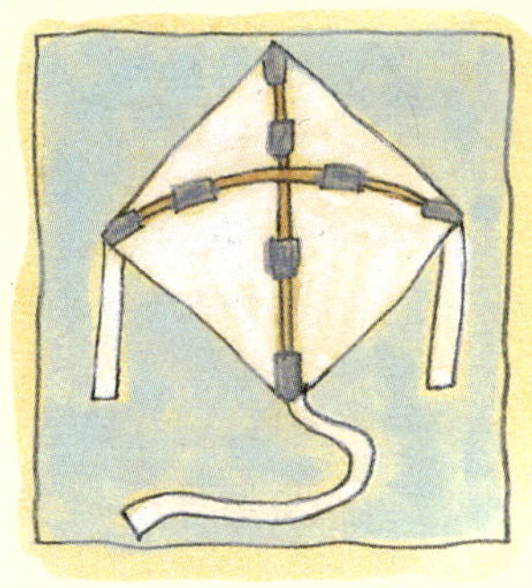

4. 한지를 꼬리 모양으로 길게 잘라서 그림과 같이 세 군데에 붙여요.

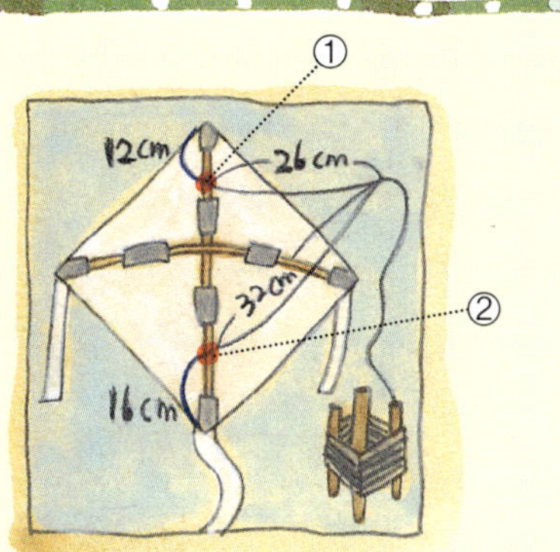

5 그림의 ①과 ②의 위치에 실을 묶어요. 위쪽에 묶은 실은 26센티미터, 아래쪽에 묶은 실은 32센티미터로 해 두 줄을 함께 묶어 얼레와 연결해요.

노을공원 이용에 관한 의견들

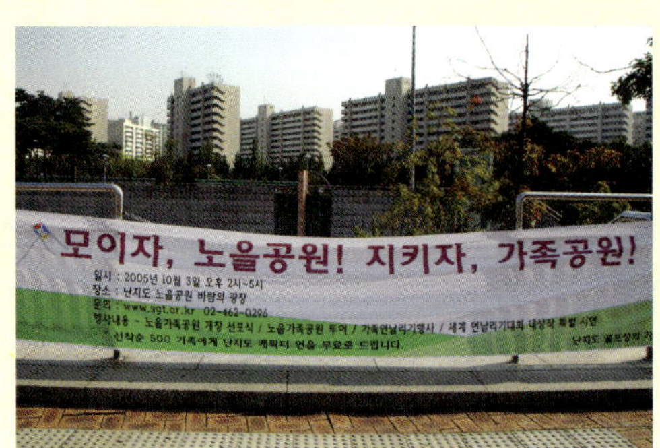
난지도 시민 연대가 중심이 되어 노을공원을 가족공원으로 만들자는 시민 운동을 했어요.

노을공원은 만들 때부터 어떻게 사용해야 하는지를 놓고 많은 의견이 있었어요. 그리고 지금까지도 해결되지 않은 문제들 때문에 공원 이용이 자유롭지 못하답니다.

노을공원은 하늘공원보다도 넓은 면적을 차지하고 있어요. 현재는 대중골프장과 일부 공간만 시민에게 개방하고 있지요. 그런데 이 곳에 왜 골프장을 만들었을까요? 골프장은 평평한 땅보다 울퉁불퉁한 땅이 알맞고, 골프장의 땅이 밑으로 꺼지는 동안 매립지를 안정시켜요. 이런 이유로 난지도 일부를 골프장으로 만들었지요. 하지만 골프장을 이용하는 사람들 외에는 공원을 자유롭게 이용할 수 없다는 문제점을 가지고 있어요. 그리고 골프장의 운영 문제도 끊임없이 논란이 되어 왔지요. 하루빨리 노을공원을 자유롭게 이용할 수 있는 날이 오길 많은 사람들이 바라고 있답니다.

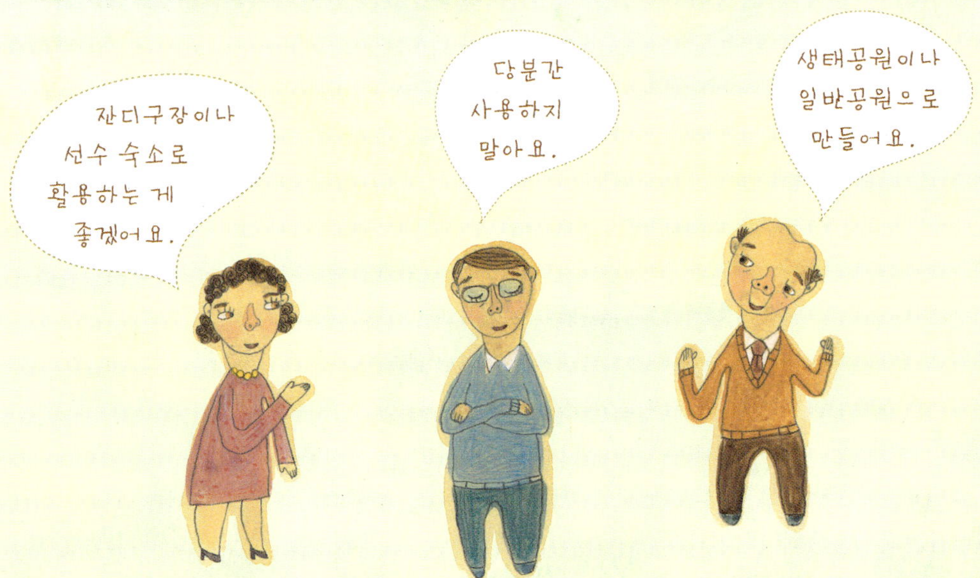

가족과 함께하는 난지천공원

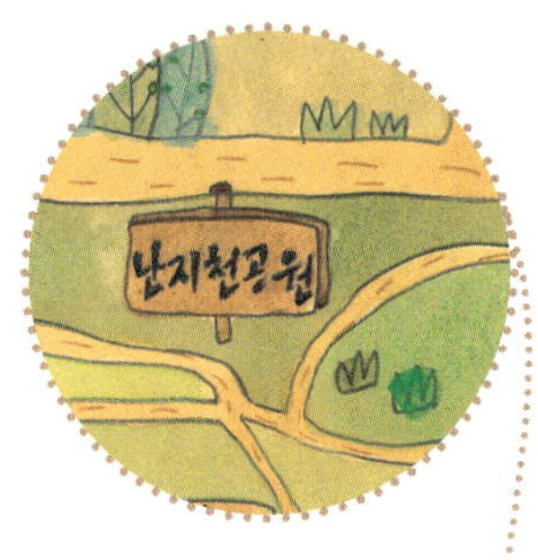

난지천공원은 공원 건너편 아파트 단지 주민들을 위한 근린공원의 기능도 함께 고려해 만들었어요. 그래서 월드컵공원의 다른 공원과 달리 장애인 및 노약자, 청소년들을 위한 공간이 많이 마련되어 있답니다.

난지천공원의 입구에는 진입광장과 난지주차장이 있어요. 진입광장에는 아름다운 나무들을 심어 놓았고, 주차장에는 느티나무를 주로 심어서 나무그늘에 차를 세울 수 있게 했지요. 특히 주차장은 월드컵 행사 때 일어날 수 있는 주차 문제를 해결하기 위해서 주차 공간을 조정할 수 있도록 만들었어요. 월드컵 경기가 끝난 뒤 여러 가지로 활용할 수 있도록 아스팔트 포장을 하지 않았답니다. 그래서 겨울에는 썰매장으로 이용하기도 해요. 신나는 겨울 놀이인 썰매를 타러 가 보아요.

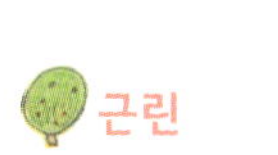

근린

근처라는 뜻이에요.

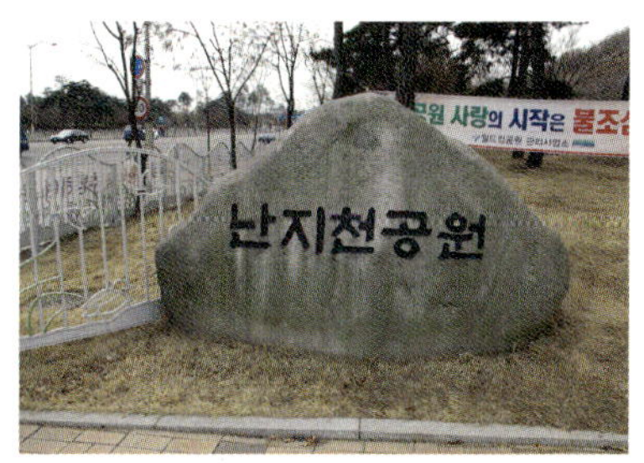

난지천공원 안내석

겨울에는 난지천공원 광장에서 썰매를 탈 수 있어요.

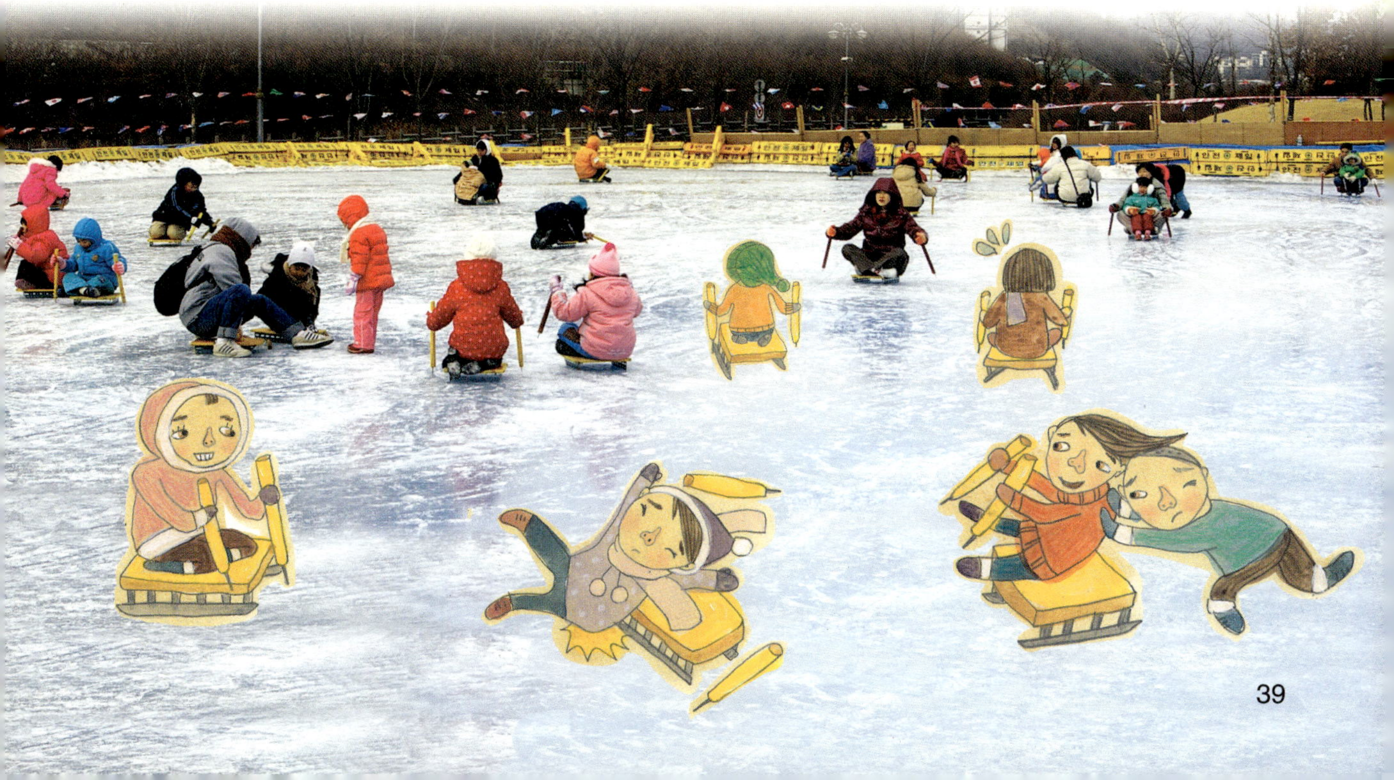

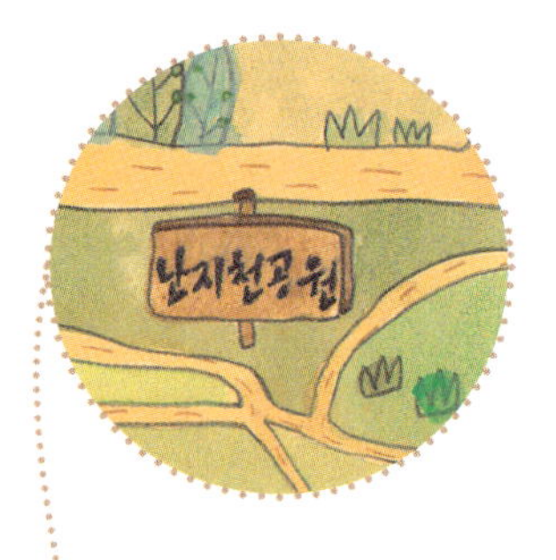

야생화와 연못 생물을 만나요

난지주차장을 지나면 야생화가 가득한 초화원을 만날 수 있어요. 봄에는 노란 유채꽃을 만날 수 있고, 가을에는 하얀 메밀꽃이 피어 우리를 반기고 있지요. 그래서 꽃이 가득한 초화원에서는 꽃을 찾아오는 많은 종류의 나비와 무당벌레도 함께 만날 수 있답니다.

초화원 안에 있는 피크닉 광장의 넓은 잔디밭에는 탁자가 있어서 가족끼리 식사를 할 수도 있어요. 그리고 초화원 안에서 꼭 봐야 할 곳이 있어요. 바로 오리연못이에요.

옛날 난지도가 '오리섬'으로 불렸던 것을 생각하고 만든 오리 모양의 연못이에요. 이 곳에는 소금쟁이, 물방개, 실잠자리 등과 같은 곤충과 수크령, 꽃창포, 갯버들 같은 식물들

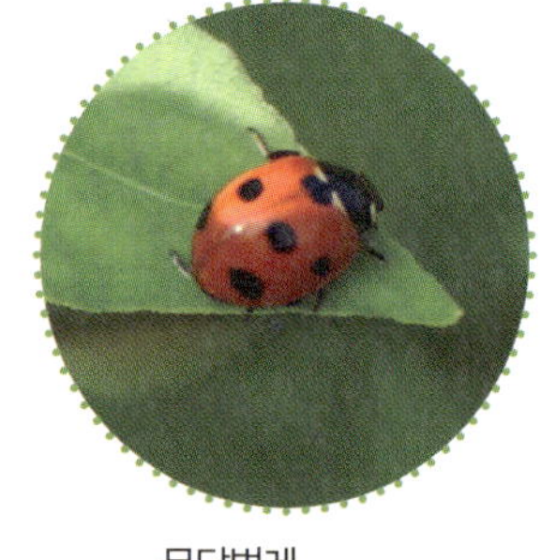

무당벌레
먹이를 찾아 무당벌레들이
찾아온다고 해요.

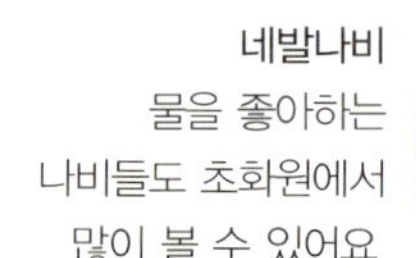

네발나비
물을 좋아하는
나비들도 초화원에서
많이 볼 수 있어요.

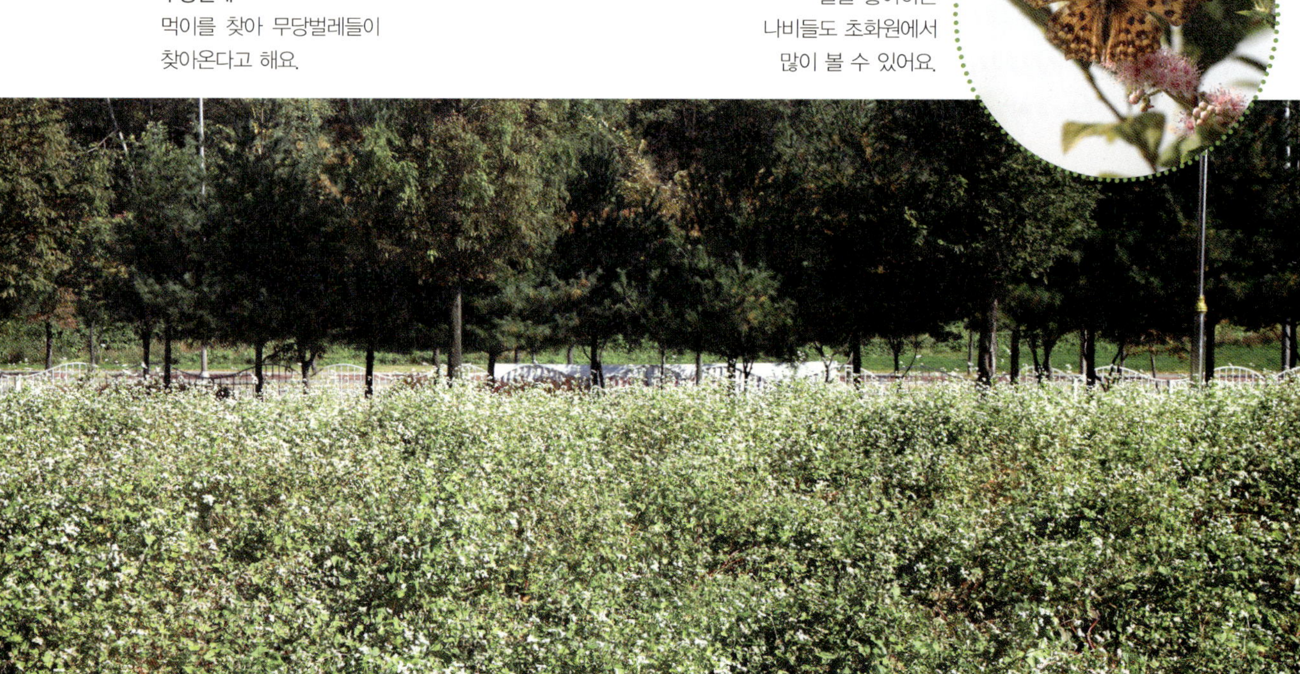

이 살고 있답니다. 또 송사리도 살고 있지요. 오리연못 주변에는 연못에 가까이 다가갈 수 있는 데크가 있어요. 이 데크를 이용하면 연못주변에 살고 있는 다양한 생물을 더 가까운 곳에서 관찰할 수 있어요.

새를 관찰해 보아요

다양한 새를 관찰하기에 가장 좋은 장소가 바로 난지천공원이에요. 사람의 발길이 드물고, 난지천을 자연형 하천으로 만들었기 때문이지요. 난지천공원을 돌아보면서 새들이 알을 낳거나, 먹이를 찾기에 적당한 곳들을 찾아보세요.

준비물 : 망원경, 필기도구, 도감

새를 잘 관찰하려면 어떻게 해야 할까요?

새를 만나려면 무엇보다 부지런해야 해요. 새는 아침에 가장 많이 활동하기 때문에 새를 관찰하려면 아침 일찍 서둘러야 하지요. 새를 만나러 가려면 무엇을 준비해야 할까요? 새는 작은 소리를 듣고도 날아갈 수 있기 때문에 멀리서 관찰할 수 있는 망원경이 꼭 필요해요. 그리고 새의 특징을 메모하거나 새를 관찰한 장소를 기록할 수 있는 필기도구를 준비해야 하지요. 참, 새의 이름을 알 수 있는 도감을 준비하면 더욱 좋겠죠?

새를 찾아 나설 준비가 되었나요?

새가 먹이를 찾거나 쉴 만한 장소를 잘 찾아보세요. 난지천공원의 오리연못이나, 평화의 공원의 난지연못은 새들이 주로 물을 마시거나 먹이를 찾는 장소랍니다. 새들은 주변이 잘 보이는 높은 나뭇가지에 앉아서 주위를 경계하거나, 자기의 영역을 표시하고 침입자를 막기도 해요. 조심스럽게 다가가서 새들의 모습을 살펴볼까요?

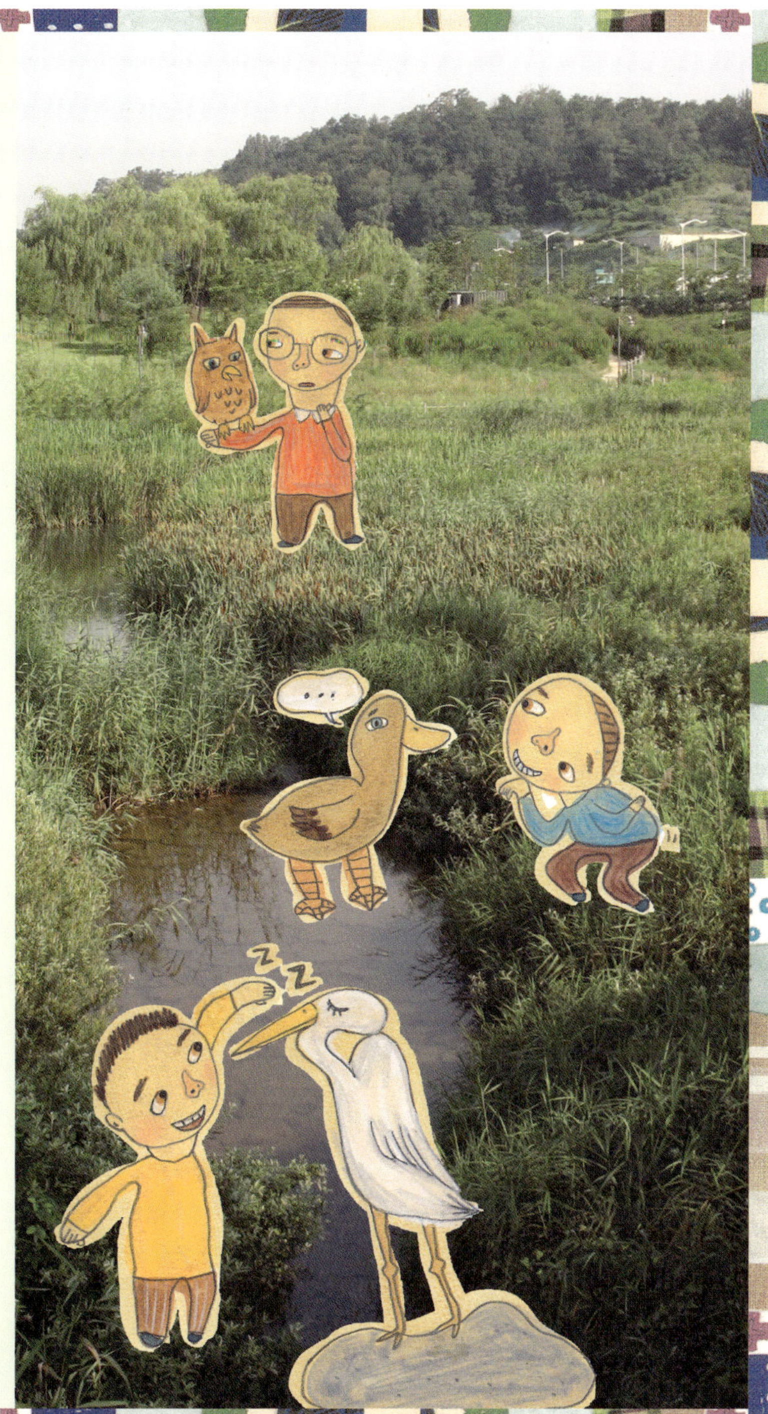

　쓰레기 매립장이었을 때 사람들이 살았던 곳이기도 한 난지잔디광장은 공간이 넓기 때문에 단체로 온 사람들이 이용하거나 공연장으로 이용하기도 해요. 매립장 쪽으로 무대를 만들었고, 무대 뒤에는 소나무를 심어 다른 곳과 무대의 공간을 구분했어요.

　무대 앞에는 마음껏 뛰어놀 수 있는 넓은 잔디밭이 있답니다. 잔디

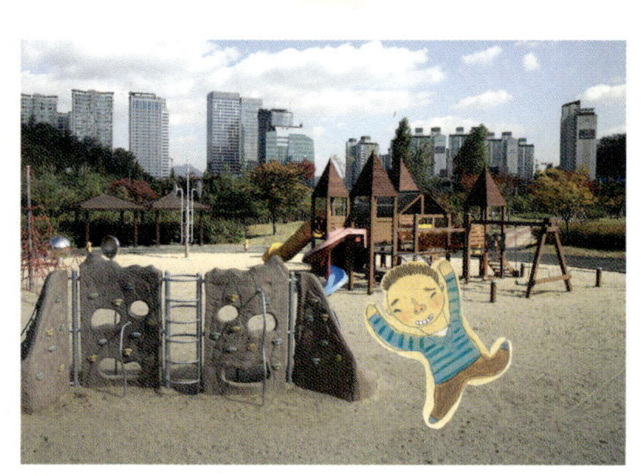

암벽을 타다가...

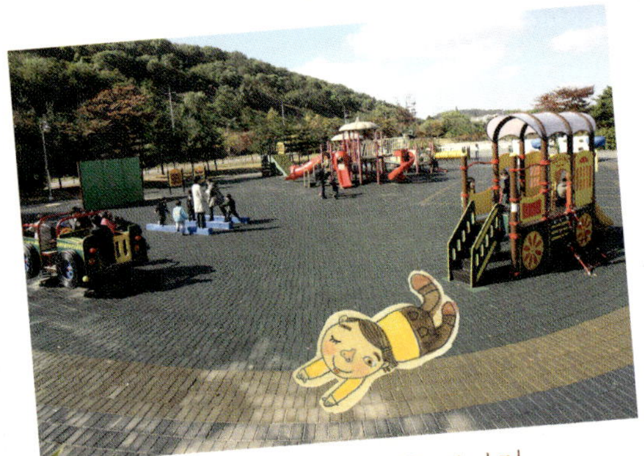

놀이터에서 미끄럼틀을 타다가...

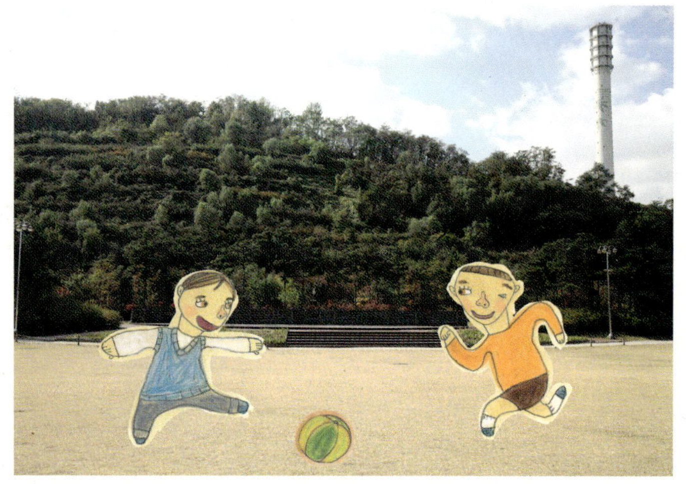

공을 차며 놀다가...

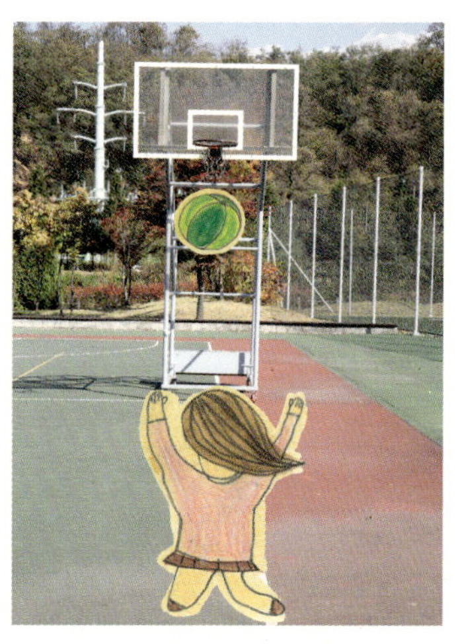

앗! 농구 골대가 높아서...

밭의 양쪽에는 매점과 화장실이 있고, 잔디밭 주위에는 의자를 설치하여 휴식을 취할 수 있도록 했어요.

난지잔디광장을 지나면 주민들이 이용할 수 있는 다양한 체육시설이 많이 있어요. 두 곳의 놀이터를 비롯해, 인조잔디축구장, 다목적구장 등이 자리해 있어요. 또한 7.2킬로미터에 이르는 산책길은 인라인 스케이트나 자전거, 마라톤을 즐길 수 있도록 꾸며 놓았지요. 운동시설과 하천 사이에 곡선 모양의 산책길을 만들어 그 주변에 다양한 야생초화류를 심어 놓기도 했어요. 꽃이 피는 계절에는 야생 꽃들을 즐기면서 걸어 보세요.

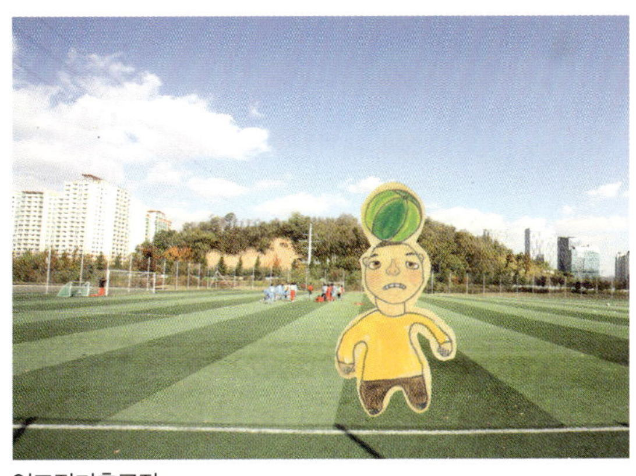

인조잔디축구장

곡선 모양의 산책길이에요.

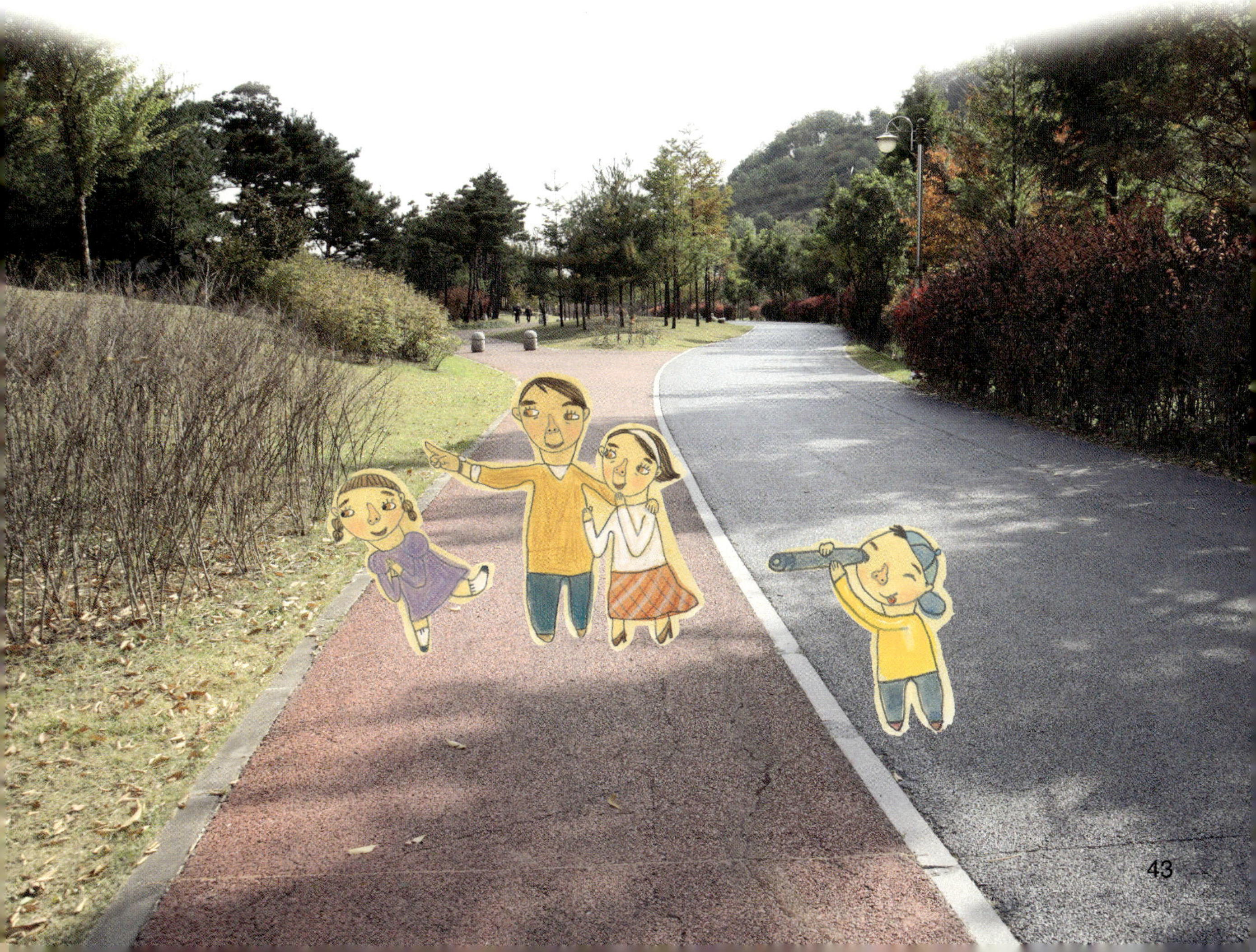

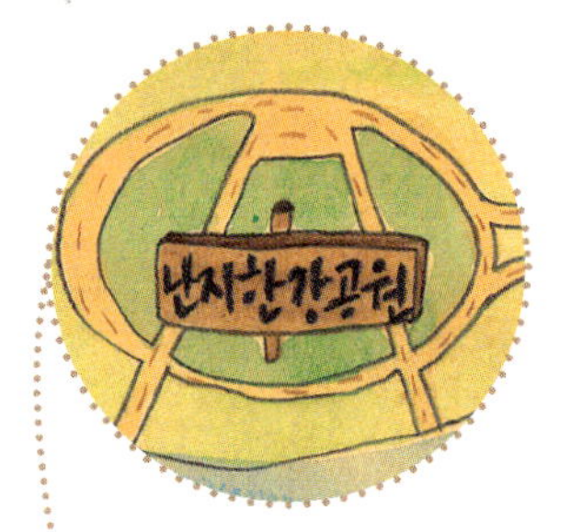

신나게 즐기는 난지한강공원

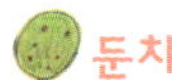
둔치

강이나 물의 가장자리 또는 가장자리에 다른 지역보다 약간 솟아오른 언덕을 말해요.

한강에는 13개의 한강공원이 있어요. 난지도 **둔치**에 자리하고 있는 난지한강공원은 한강공원 중에서 두 번째로 규모가 큰 공원이지요. 생태습지를 조성해 자연 환경을 보존하고 있으며, 유람선 선착장과 요트장, 잔디광장, 캠핑장, 국궁장, 야구장 등의 시설을 이용할 수 있답니다.

수상 레포츠할까? 야영할까?

평화의 공원을 지나서 난지한강공원에 들어서면, 가장 먼저 인라인 스케이트장과 중앙광장을 만날 수 있어요. 중앙광장에는 묘기를 즐길 수 있는 시설물이 있어요. 이 곳에서는 강습회가 많이 열리기도 해요.

뿐만 아니라 레포츠를 즐기기에 아주 적당한 곳이랍니다. 난지한강공원에서 잠실까지 인라인 스케이트나 자전거를 타고 달릴 수도 있어요. 또, 선착장에서는 유람선을 타거나 시원한 강바람을 맞으며 요트, 수상스키 등 수상 레포츠를 즐길 수도 있지요.

캠핑장은 난지한강공원의 잔디마당과 주차장 사이에, 물이 잘 빠지고 경치가 좋으며 홍수의 위험이 없는 곳에 있어요. 2002년 월드컵 경기가 열렸을 때, 우리 나라를 방문했던 외국인들에게 잠자리를 제공하고, 또 아름다운 추억을 만들어 준 곳이기도 해요. 도로를 지나다니는 자동차의 소음을 차단하기 위해 주변에는 나무들을 심어 놓았어요. 한강공원 중에서

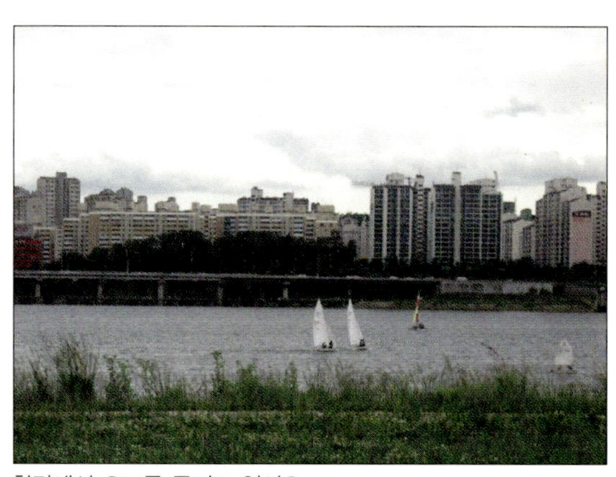
한강에서 요트를 즐기고 있어요.

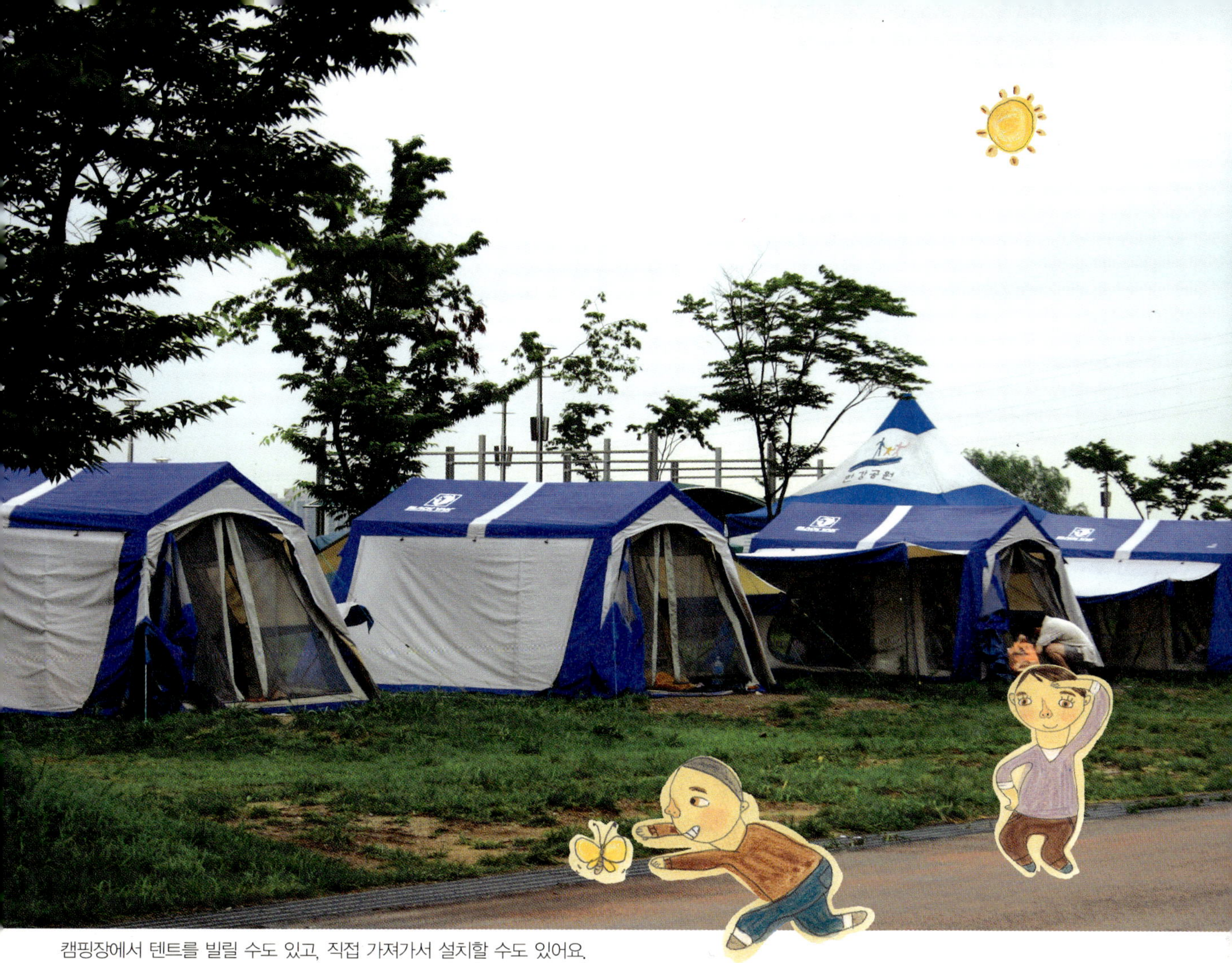

캠핑장에서 텐트를 빌릴 수도 있고, 직접 가져가서 설치할 수도 있어요.

유일하게 야영을 할 수 있는 곳이기도 해요. 다양한 크기와 모양의 텐트가 있고, 주차장, 취사장, 세면장 등 편의 시설이 잘 갖추어져 있어요. 가족들끼리 한강의 야경을 즐기며, 서울에서 야영을 해 보는 것도 좋은 추억이 될 거예요.

이 곳은 어디일까요?

2002년 월드컵 경기 당시, 우리 나라를 찾은 외국인들에게 잠자리를 제공해 주었던 캠핑장이 있는 공원은 어디일까요?

(   )

① 평화의 공원   ② 난지한강공원
③ 난지천공원   ④ 하늘공원

☞ 정답은 56쪽에

공연 보고, 운동하고

중앙광장에는 대규모 공연과 행사 등이 열리는 넓은 잔디마당과 놀이터, 다목적 운동장과 국궁장 등이 있어서 다양한 활동을 할 수 있어요.

잔디마당은 난지한강공원의 한가운데 위치해 있는데, 가족끼리 소풍을 즐기기도 하고 연날리기를 하며 놀 수 있는 곳이에요. 캠핑장과 잔디마당 사이에는 다양한 운동을 즐길 수 있는 운동장이 있어요. 또, 자연 지형을 이용해 꾸민 놀이터도 있지요. 우리의 전통 문화인 국궁을 체험할 수 있는 국궁장도 있어요.

난지한강공원에서 한강 하류쪽으로 내려가면 자연생태지구가 나와요. 자연생태지구는 한강 상류에서부터 떠내려 온 퇴적물이 쌓여 있는 곳에 만들어졌어요. 이 곳에는 전부터 다양한 생물들이 살고

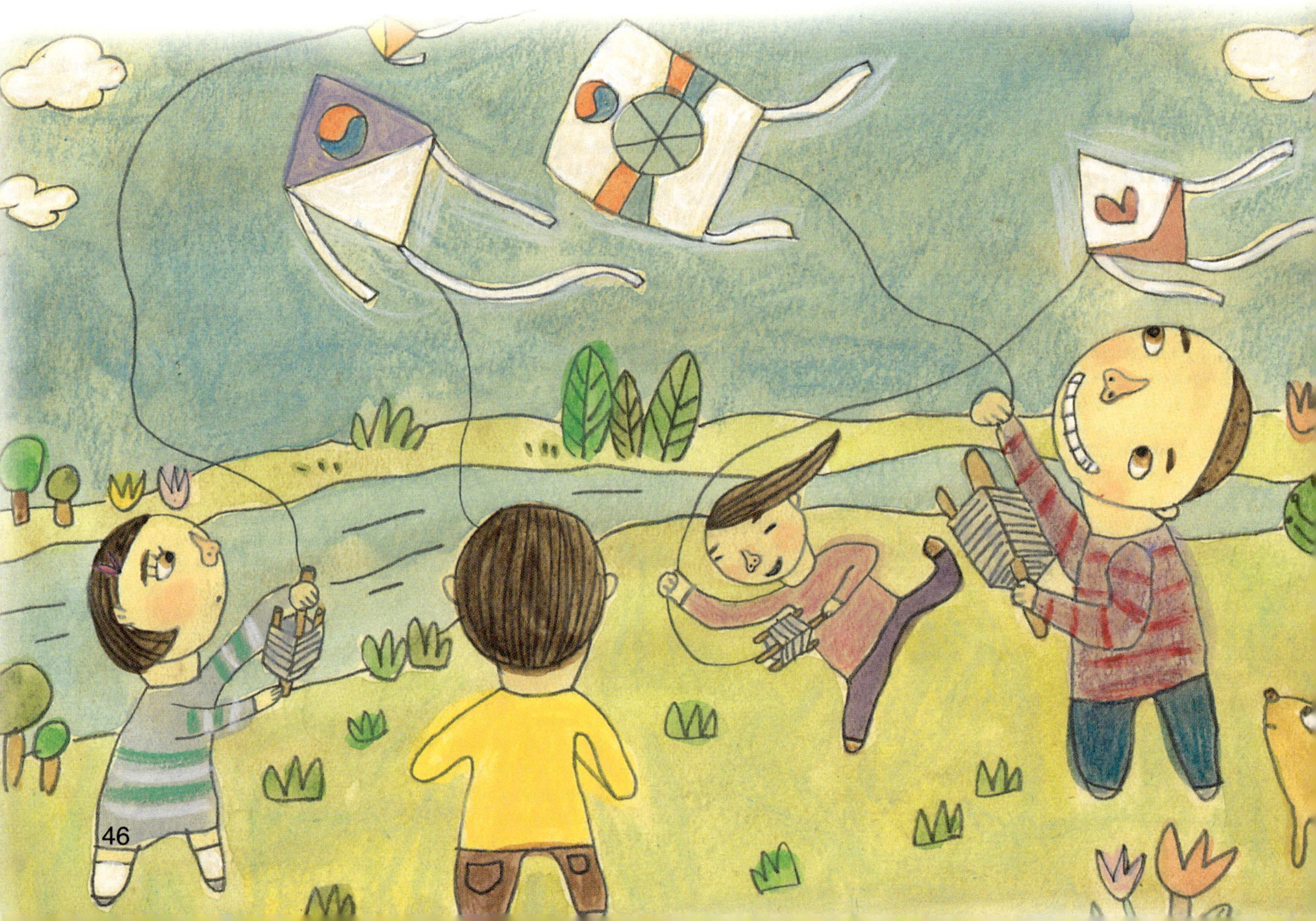

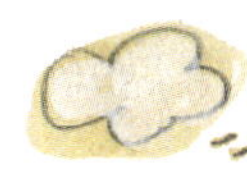
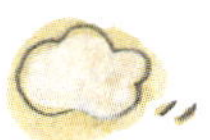

있었어요. 그런데 한강이 개발되면서 이 곳에 살던 생물들이 점점 사라지게 되자 생물들을 살리고 생태계를 다시 회복하려는 노력이 이루어졌어요. 그 노력의 하나로 자연생태지구를 **고위습지**와 저습지로 나누었어요. 고위습지는 빗물을 저장하는 역할을 해요. 이 곳에서는 주로 건조하거나 습한 곳에서 자라는 식물을 볼 수 있어요. 저습지는 물가를 포함해 주기적으로 물에 잠기는 곳으로, 주로 물가에서 자라는 식물이 살고 있답니다.

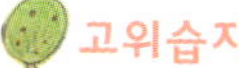

고위습지

원래는 높은 산에 자연적으로 만들어진 습지를 말해요. 자연생태지구의 고위습지는 한강 둔치에 땅을 파서 만들었어요.

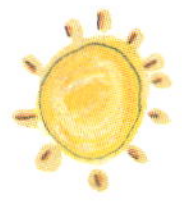

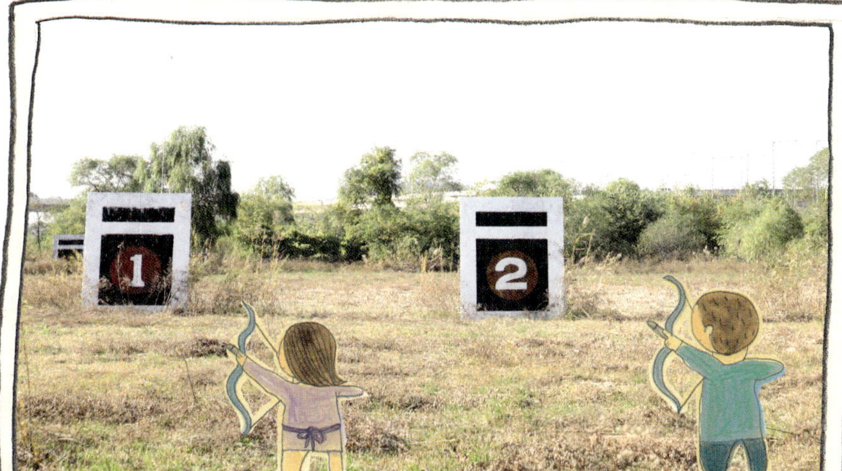
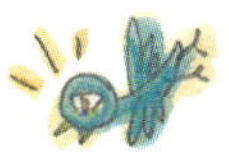

국궁장에서는 활과 화살을 빌려 줘요.

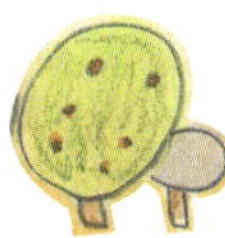
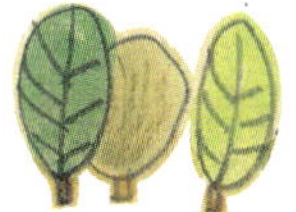

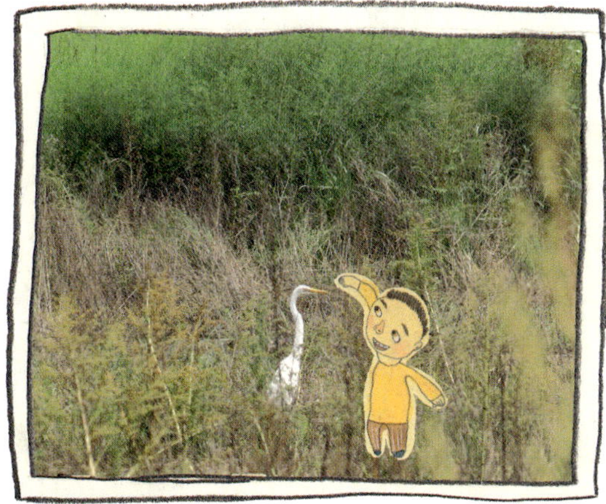
고위습지에 살고 있는 중대백로 모습이에요.

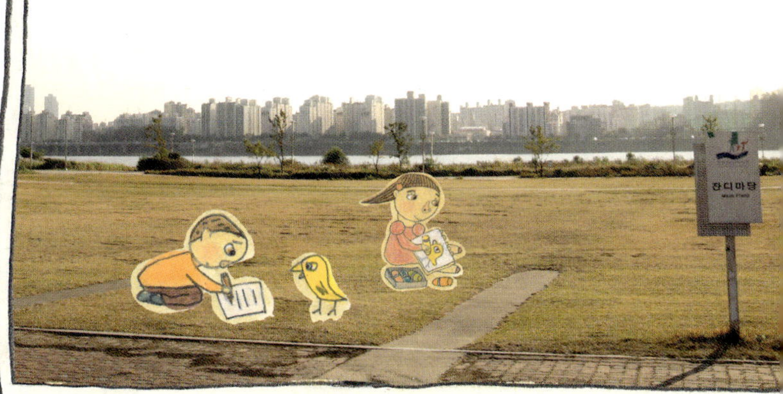
잔디마당에서는 글짓기나 음악 공연과 같은 행사들이 열리기도 해요.

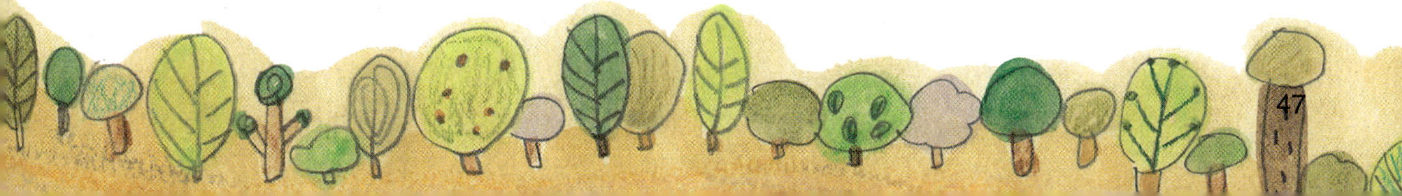

월드컵공원을 나오며

    월드컵공원을 돌아보면서 난지도가 원래는 꽃이 피고 새들이 날아 오던 아름다운 섬이었다는 것을 알게 되었지요. 아름다운 섬이었던 이 곳이 쓰레기산으로 변했던 것을 보고 어떤 생각이 들었나요? 그리고 난지도가 다시 자연의 생명이 숨 쉬는 환경 공원으로 태어나기까지 얼마나 많은 노력과 시간이 필요했는가를 보면서 무엇을 느꼈나요?

    우리 나라는 도시화와 경제 발전이 빠르게 이루어지면서 생활은 편리해졌지만 그만큼 자연이 심하게 훼손되었어요. 아름다운 섬이었던 난지

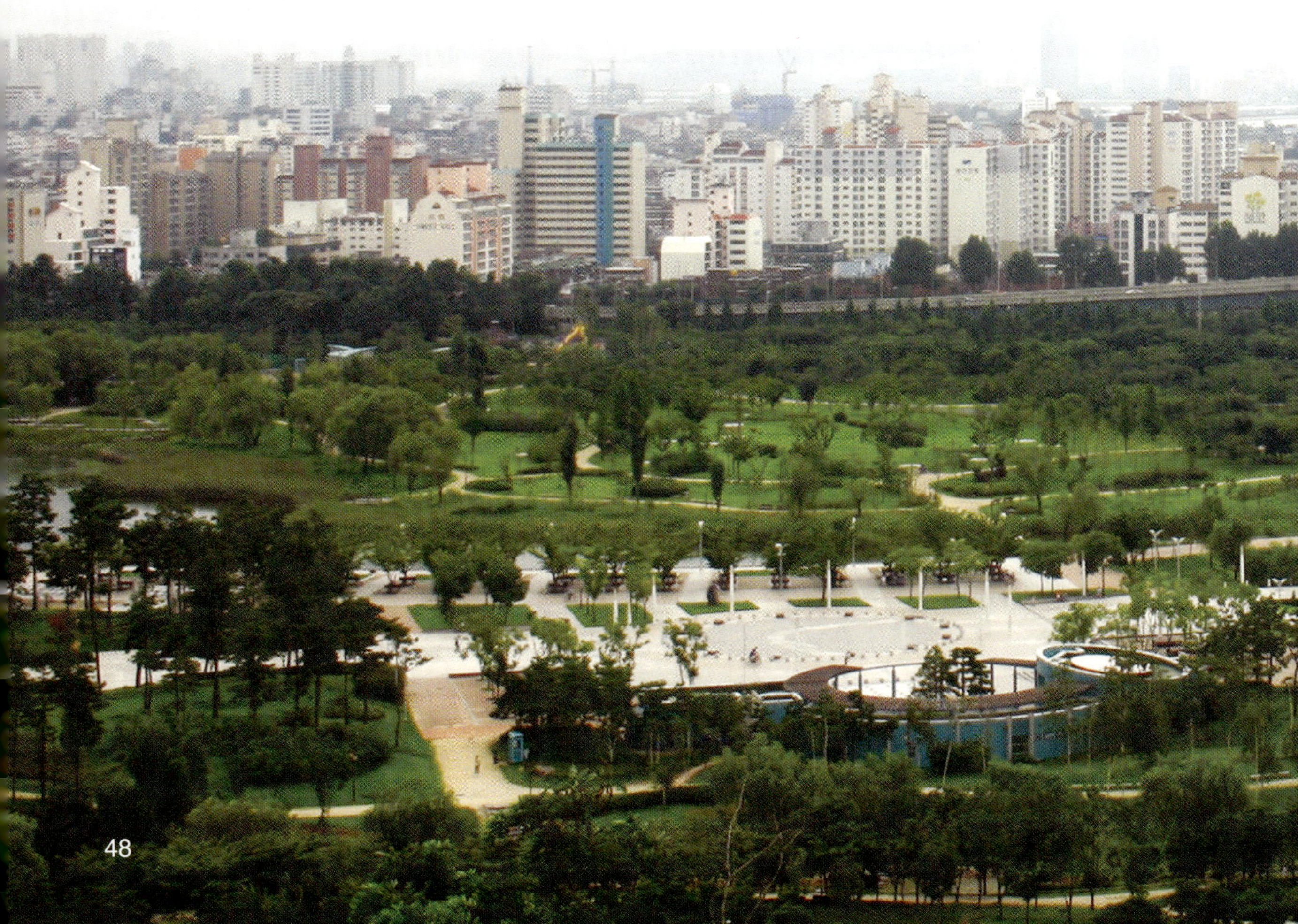

도가 쓰레기산으로 변한 것도 도시를 개발하는 데에만 치우친 도시화가 가져온 안 좋은 결과이지요. 난지도를 옛날의 아름다운 모습으로 되살리려면 아직도 많은 시간과 노력이 필요하답니다.

　훼손된 자연을 다시 살리는 일은 우리에게 많은 대가를 요구하지요. 지금부터라도 자연의 소중함을 깨닫고, 아끼며 보호하는 마음을 가지도록 노력해 보아요.

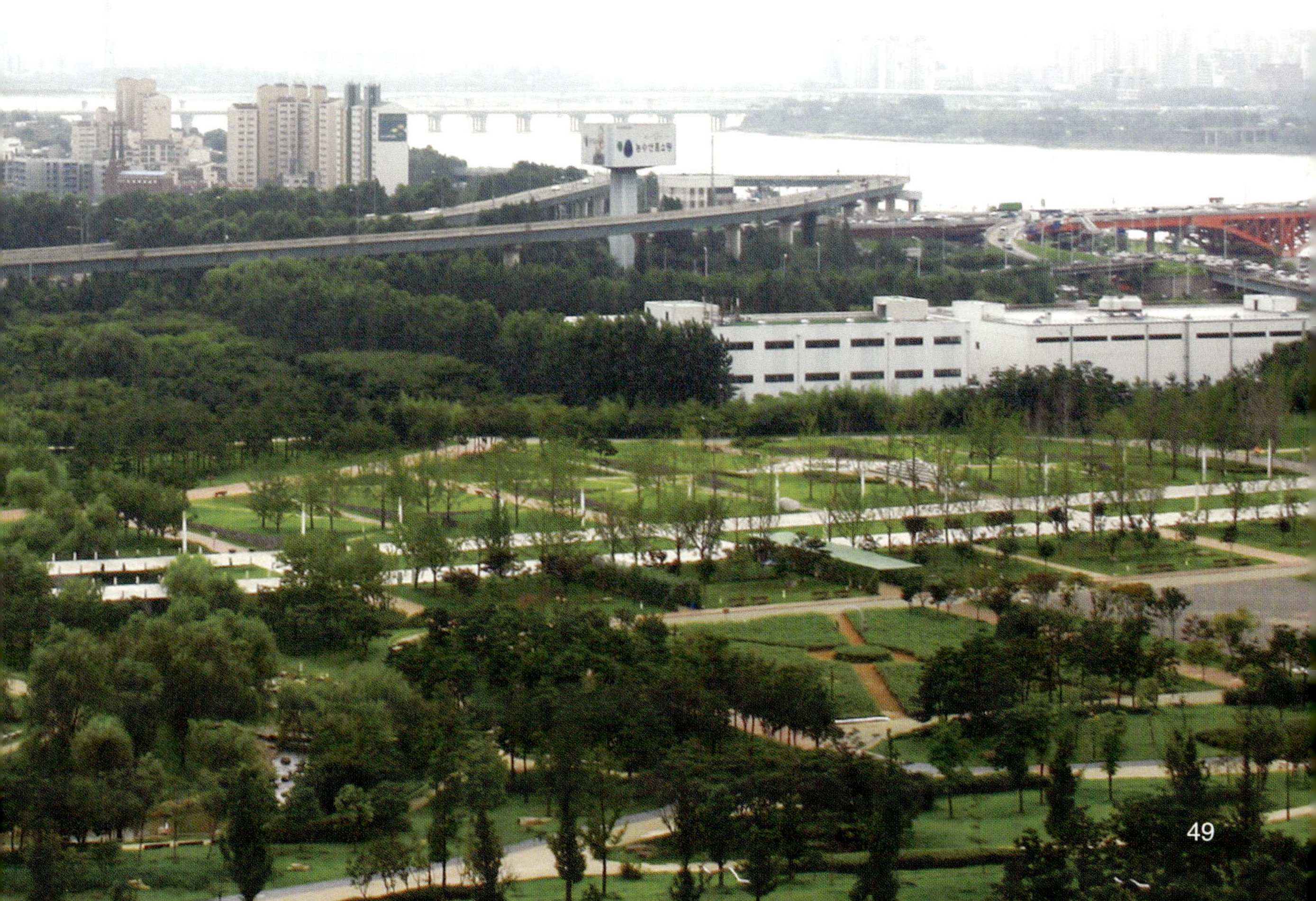

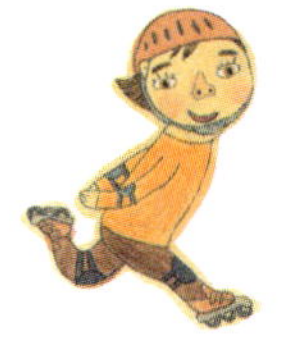

나는 월드컵공원 박사!

월드컵공원 체험을 잘 마쳤나요? 월드컵공원에서 알게 된 내용을 바탕으로 다음 문제를 풀어 보세요.

❶ 알맞은 것끼리 연결해 보세요.

사진을 보고 어느 공원에서 볼 수 있는 풍경인지 알아맞혀 보세요.

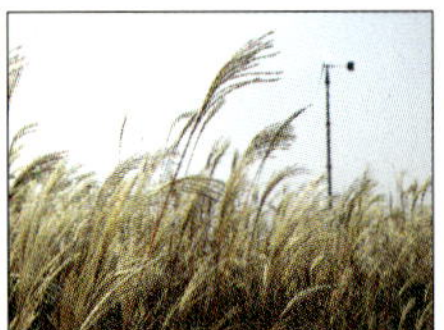 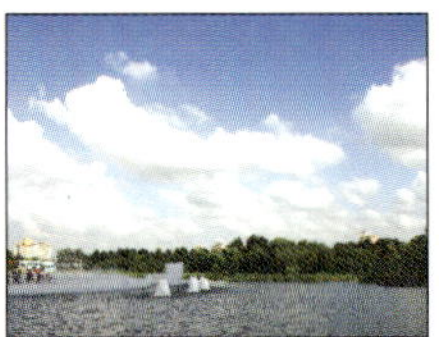 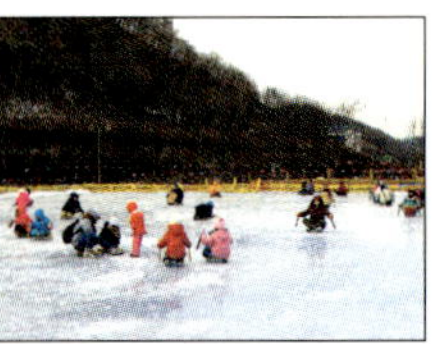 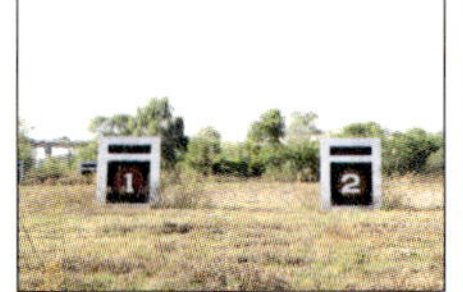 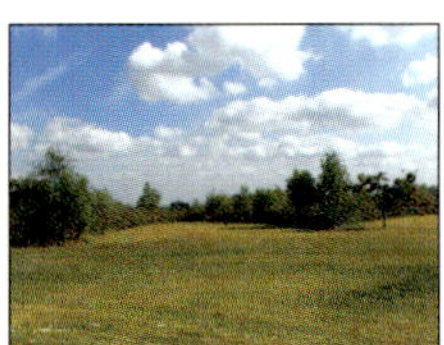

난지한강공원   하늘공원   평화의 공원   노을공원   난지천공원

❷ 빈 칸을 채워 보세요.

월드컵공원 전시관을 잘 둘러보았지요? 오염된 물을 정화하는 데 많은 양의 물이 필요하며, 쓰레기가 분해되는 데 아주 많은 시간이 걸리는 것을 알았을 거예요. 다음 빈 칸에 알맞은 숫자를 쓰세요.

오염된 물이 원래대로 되려면 몇 배의 물이 필요할까요?

	간장	컵라면	식용유	우유
필요한 물의 양				

	커피	요구르트	오렌지 주스	콜라
필요한 물의 양				

폐기물이 분해되는 데 소요되는 기간은 얼마나 될까요?

	스티로폼	일회용컵	플라스틱 컵	알루미늄 캔
분해 기간				

	나무 젓가락	양철캔	가죽구두	나일론 천
분해 기간				

❸ 이름을 찾아 주세요.

하늘공원에서 볼 수 있는 것들이에요. 다음 사진을 보고 정확한 이름을 보기 에서 찾아 쓰세요.

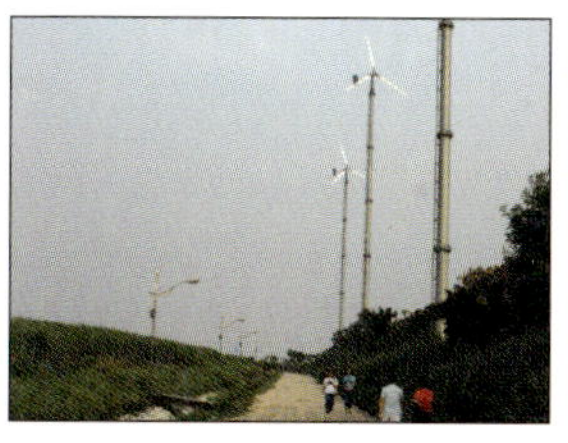 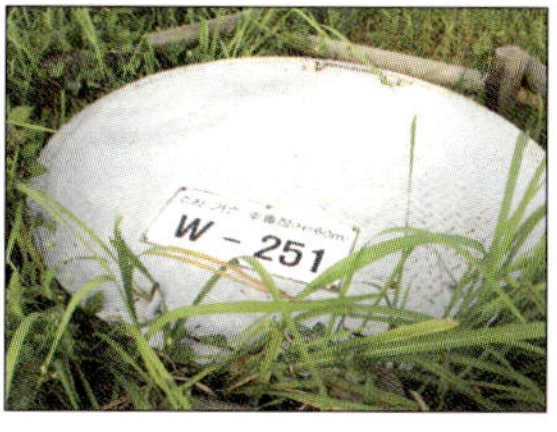 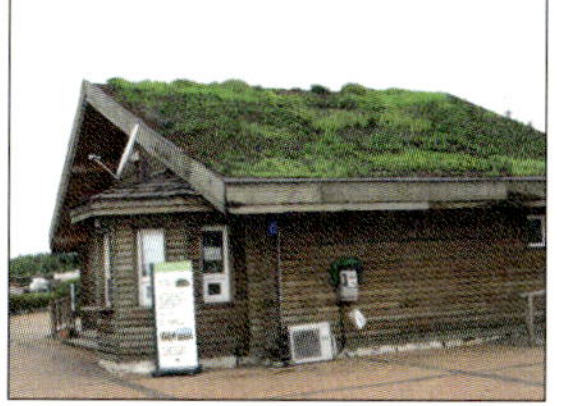 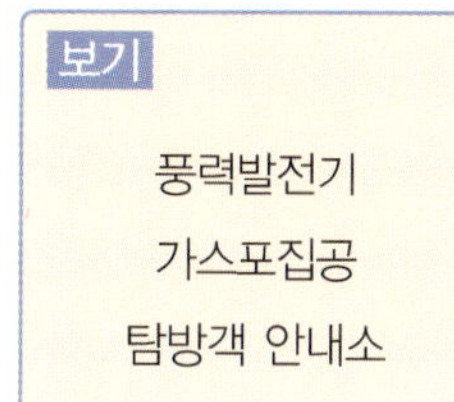

보기

풍력발전기

가스포집공

탐방객 안내소

(　　　　　　　　　)　(　　　　　　　　　)　(　　　　　　　　　)

❹ 나무 달력을 만들어요.

자연은 하루하루가 다르게 변해 가지요. 자신이 관찰할 나무를 정하여 계절마다 어떻게 변해 가는지 잎과 열매, 꽃 등을 관찰하여 나무 달력을 완성해 보세요.

관찰한 것	관찰 시기	그림 그리거나 사진 붙이기	관찰한 내용 쓰기
겨울눈			
새잎			
나뭇잎			
꽃봉오리			
꽃			
열매			

월드컵공원을 잘 둘러보았나요? 꽃이 피고 새가 날아들던 난지도가 거대한 쓰레기산으로 변했던 것을 보고 어떤 생각을 했나요? 자연을 소중히 여기고 보호하는 것이 얼마나 중요한지 알았을 거예요. 월드컵공원 체험을 하면서 환경문제에 대해 좀 더 깊이 생각해 볼 수 있었길 바라요. 월드컵공원에 대하여 나만 알고 있을 순 없겠죠? 월드컵공원을 취재하여 환경신문을 만들어서 많은 사람들에게 알려 주는 건 어떨까요? 신문을 만드는 과정을 알아보고, 환경문제에 대한 비판적인 시각도 가져 볼 수 있는 뜻깊은 학습이 될 거예요.

신문 만드는 방법을 배워요

1. 신문 기사거리를 정해요

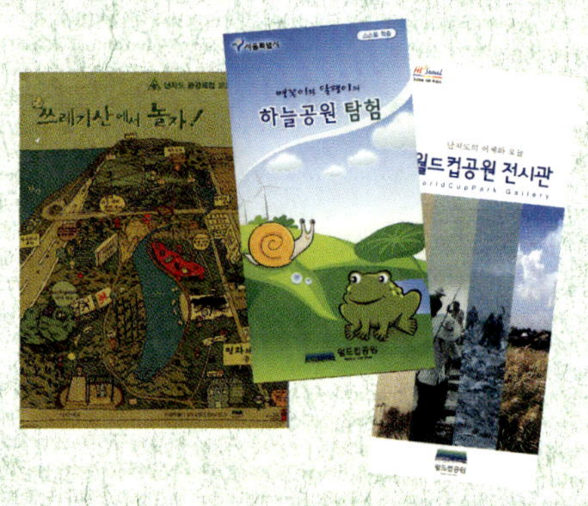

월드컵공원을 체험하면서 가장 인상적이었던 것은 무엇이었는지 정리해 보세요. 그런 뒤 월드컵공원과 관련된 자료들을 보면서 신문의 기사거리를 정하세요. 어떤 내용을 기사로 쓸지 정했다면, 신문 기사의 제목을 구상해 보세요. 기사의 제목을 붙일 때는 많은 사람들이 한눈에 무슨 내용의 기사인지 알 수 있도록 쓰는 것이 좋아요. 창의적이고 재미있는 제목이라면 더욱 돋보이겠지요?

2. 기사 내용을 취재해요

기사거리를 정해 제목을 생각해 본 다음에는 기사로 만들 내용들을 수집해요. 공원을 체험하면서 꼭 보여 주고 싶은 곳, 알아보고 싶은 것 등 중요하다고 생각하는 정보들을 중심으로 기사 내용을 정리해 보세요. 공원에서 보고 들은 내용이나 느낀 것들을 메모해 둔 것을 참고하면 좋아요.

이 때 중요한 것은 정해 놓은 기사거리와 관련된 내용을 일관성 있게 취재하는 것이에요.

- 신문을 여럿이 함께 만들 때는 각자 찍을 사진이나 구할 자료 등을 나누어 진행하는 것이 좋아요.
- 기사거리와 관계된 사진을 찍거나, 그림으로 그려 보세요.
- 공원에 온 사람들을 대상으로 환경에 관련된 설문 조사를 해서 결과를 기사로 작성할 수도 있어요.

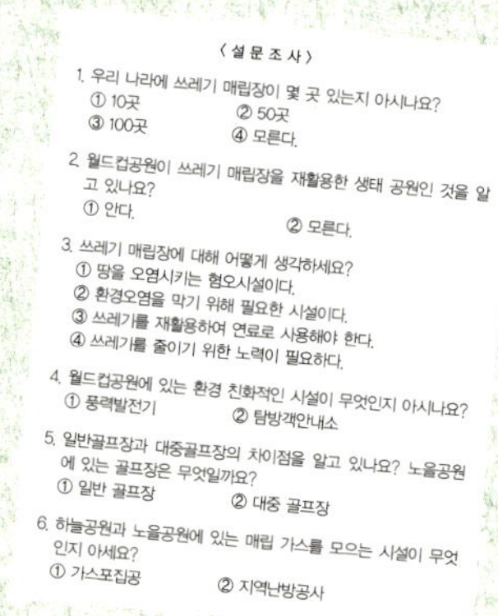

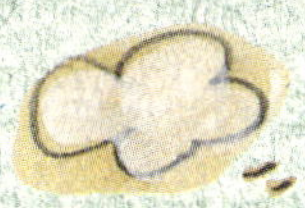

3. 신문 기사를 써요

모아 놓은 자료를 바탕으로 신문 기사를 쓰는 단계예요. 큰 제목과 어울리는 작은 제목을 붙이고, 전달하고자 하는 정보나 주장하는 내용이 분명하게 드러나도록 글을 써 보세요.

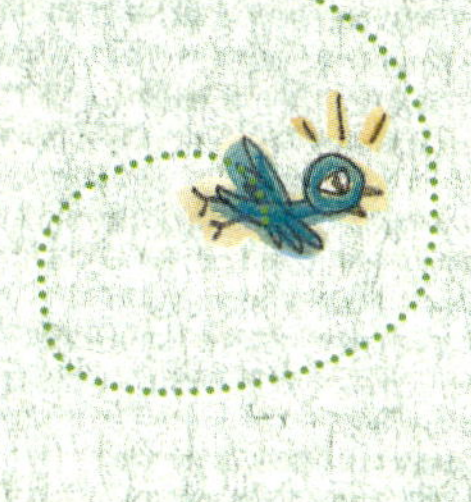

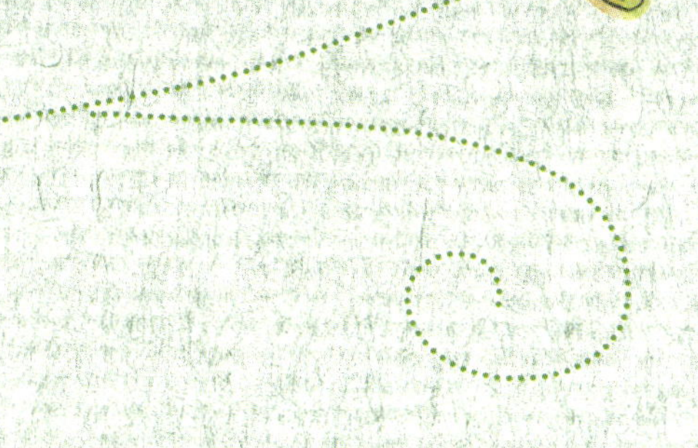

4. 편집 회의를 통해 기사의 위치를 결정해요

기사에 맞는 사진을 인쇄하여 적당한 크기로 오려 붙이세요. 사진은 기사의 내용이 한눈에 드러나는 것으로 골라요. 공원에 필요한 자료를 요청하는 것도 좋아요.

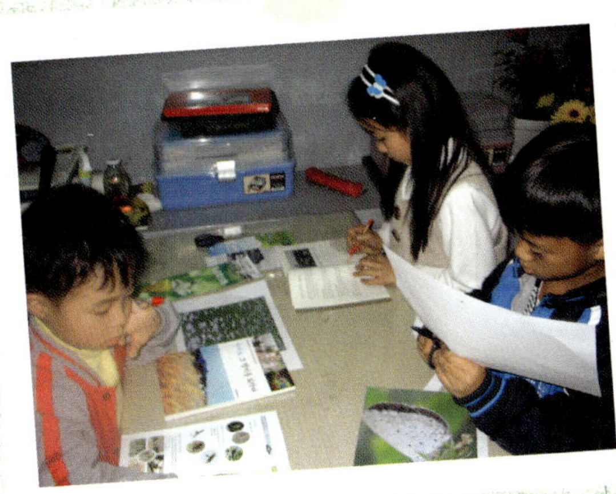

5. 제작한 환경신문을 보면서 이야기를 나누어요

신문을 만들면서 새롭게 깨달은 것이나 다른 사람이 취재한 내용을 보면서 알게 된 것에 대해 이야기를 나누어 보세요.

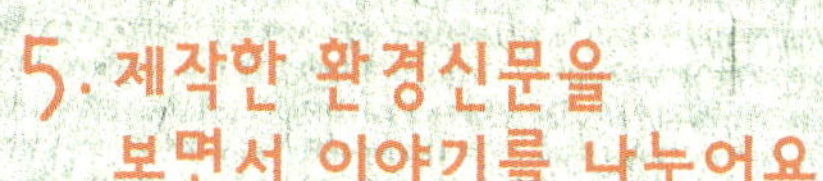

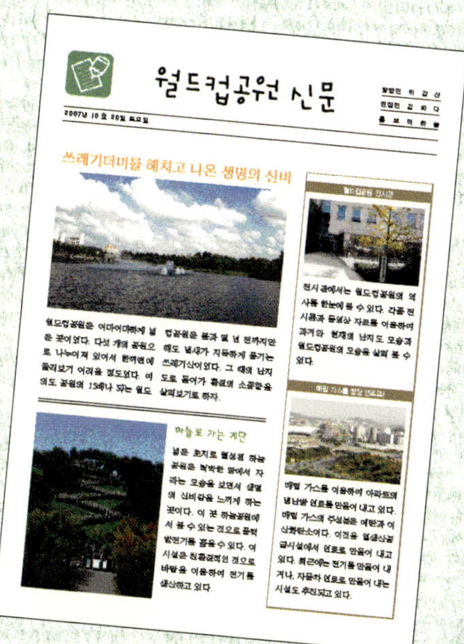

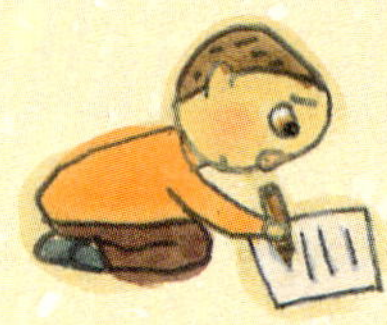

참여하는 월드컵공원

월드컵공원에서는 다양한 생태프로그램과 체험교실, 환경교실 등을 운영하고 있어요. 친구나 가족과 함께 공원에서 운영하는 프로그램에 참여해 보세요. 월드컵공원에 사는 동·식물을 더 가깝게 만나고, 환경에 대한 지식도 늘릴 수 있는 좋은 기회가 될 거예요.

월드컵공원 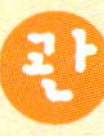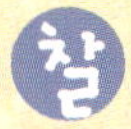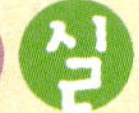 관찰교실

프로그램	대상	참가방법	인원	일시	교육장소	프로그램 내용
하늘교실	제한 없음	인터넷 예약	20	매주 금요일 10:00, 14:30	하늘공원 탐방객 안내소	하늘공원에서 생물 소리 듣고 냄새 맡는 등의 오감교육 계절별로 다양한 테마 설정
토요가족 자연관찰회	가족	인터넷 예약	20	매주 토요일 15:00	평화의 공원	평화의 공원에서 가족과 함께 하는 자연관찰
나무교실	제한 없음	인터넷 예약	20	매주 수요일 15:00	평화의 공원	평화의 공원에서 볼 수 있는 나무의 이름 유래, 쓰임새, 특성 알아보기
조류탐사교실	제한 없음	인터넷 예약	30	매주 토, 일요일 14:30	평화의 공원	평화의 공원에서 야생 조류 관찰
곤충교실	초등학생	인터넷 예약	25	매주 일요일 10:00, 14:30	하늘공원 탐방객 안내소	공원에서 계절별로 곤충 관찰

월드컵공원 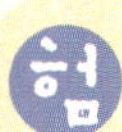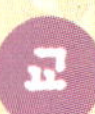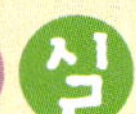 체험교실

프로그램	대상	참가방법	인원	일시	교육장소	프로그램 내용
나무곤충 만들기	제한 없음	인터넷 예약	20	매주 수요일 14:30	관리사업소 2층 사랑방	폐목을 이용하여 여러 가지 곤충 만들기
유아자연체험	유아 (6~7세)	인터넷 예약	25	매주 목, 금요일 14:30	관리사업소 2층 사랑방	유아들의 자연관찰 및 놀이
자연놀이	초등학생	인터넷 예약	20	매주 토, 일요일 14:30	평화의 공원	평화의 공원에서 자연관찰 및 놀이

매달 생태학습 프로그램 내용과 일정이 달라져요. 월드컵공원 홈페이지 생태학습 프로그램에서 확인하면 자세한 일정과 내용을 알 수 있어요.

생태학습 프로그램 예약은 인터넷(http://worldcuppark.seoul.go.kr)으로 하면 돼요. 그리고 문의사항이 있으면 환경보전과 02)300-5541로 전화하면 된답니다. 예약은 인터넷으로만 할 수 있으며, 매월 10일과 25일 오후 1시부터 신청을 받아요.

프로그램은 자연환경의 변화 등에 따라 달라질 수 있어요. 그리고 공휴일, 설날, 추석, 억새축제기간에는 생태학습 프로그램이 운영되지 않으니 참고하세요.

만약, 예약하고 참여하지 못할 경우에는 반드시 연락을 해 주세요. 그렇게 하면 다른 사람이 대신 참가할 수 있어요.

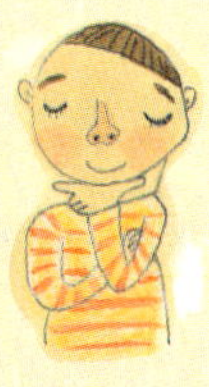

월드컵공원 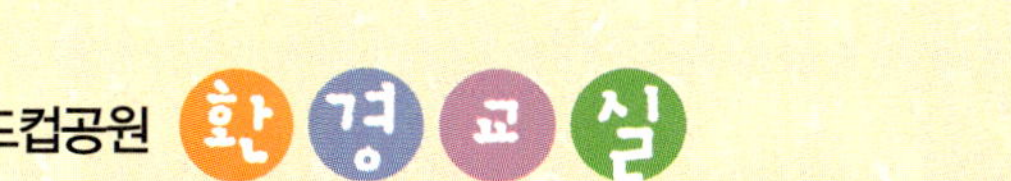 환경교실

구분	교육내용	교육장소	비고
1교실	난지도의 어제와 안정화 사업, 환경 생태 공원으로의 방법 및 난지도의 주요 생물 소개	다목적영상실 홍보전시관	교육교재 및 영상자료 등
2교실	되살아나는 월드컵공원의 환경생태	하늘공원	현장견학

환경교실에서는 난지도의 어제와 오늘, 쓰레기 매립지의 환경오염 및 오염 물질 처리 등에 대한 강의와 현장 견학이 주로 이루어져요. 환경교실의 교육과정을 통해 환경 보전의 중요성을 생각해 보기로 해요.

– 교육 참여는 15명 이상일 경우 가능해요.(개별적으로 참여하는 것은 방학 동안에 가능하답니다.)
– 교육 시간은 2시간이에요.
– 교육 인원은 40명 정도에요.
– 환경교실 신청이나 예약 문의는 월드컵공원관리사업소 환경보전과 02)300– 5539로 전화하세요.

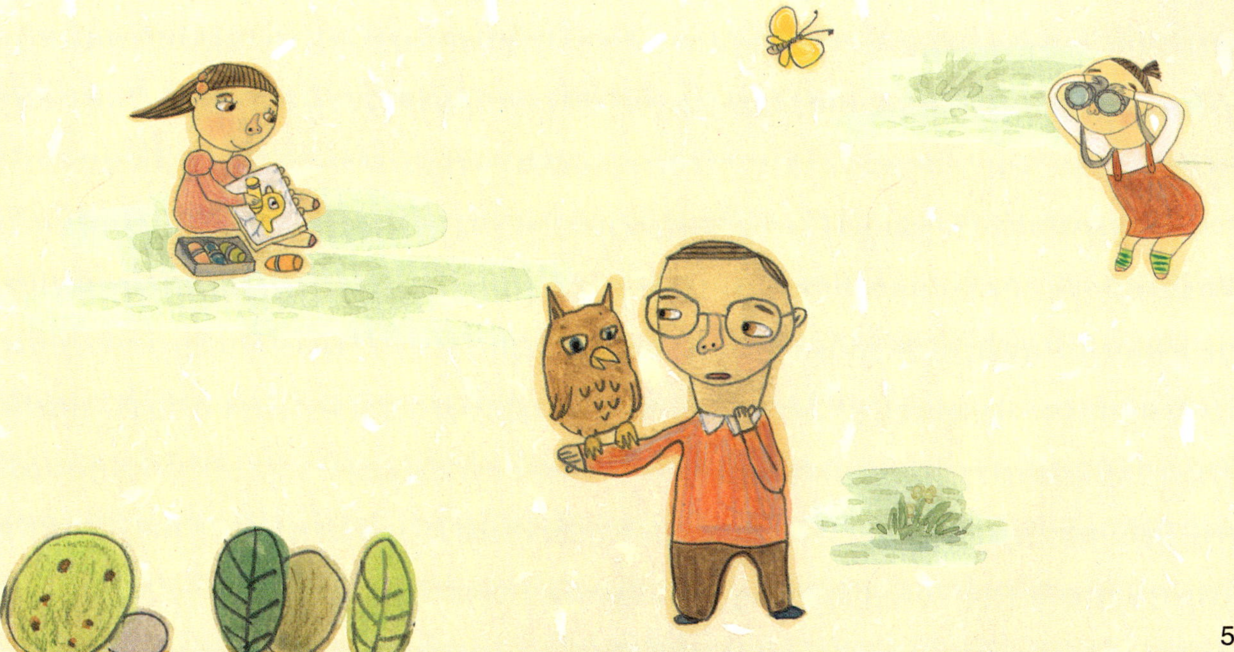

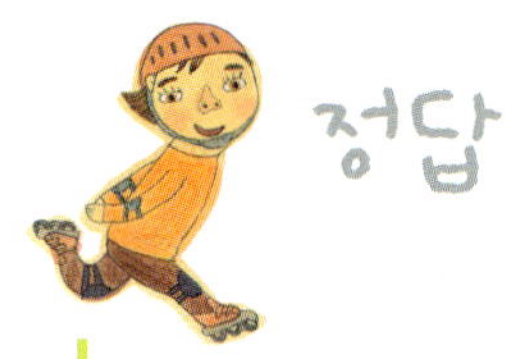
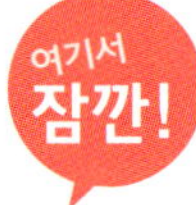

여기서 잠깐!

나는 월드컵공원 박사!

① 알맞은 것끼리 연결해 보세요.

사진을 보고 어느 공원에서 볼 수 있는 풍경인지 알아맞혀 보세요.

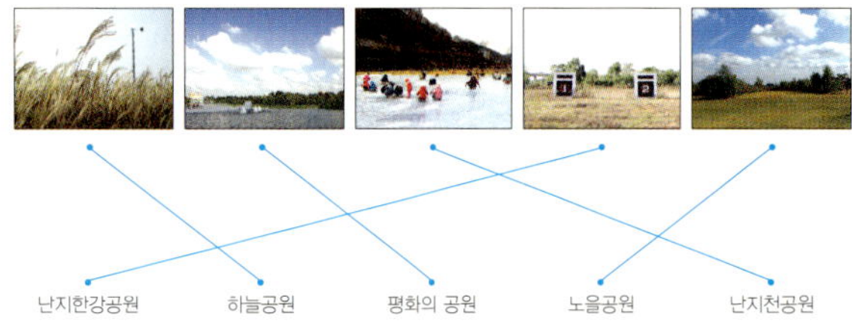

② 빈 칸을 채워 보세요.

월드컵공원 전시관을 잘 둘러보았지요? 오염된 물을 정화하는 데 많은 양의 물이 필요하며, 쓰레기가 분해되는 데 아주 많은 시간이 걸리는 것을 알았을 거예요. 다음 빈 칸에 알맞은 숫자를 쓰세요.

오염된 물이 원래대로 되려면 몇 배의 물이 필요할까요?

	간장	컵라면	식용유	우유
필요한 물의 양	42,000배	42,000배	69,000배	53,000배

	커피	요구르트	오렌지 주스	콜라
필요한 물의 양	36,000배	49,000배	30,000배	20,000배

폐기물이 분해되는 데 소요되는 기간은 얼마나 될까요?

	스티로폼	일회용컵	플라스틱 컵	알루미늄 캔
분해 기간	500년 이상	60년 이상	110년	500년 이상

	나무 젓가락	양철캔	가죽구두	나일론 천
분해 기간	60년	100년	70년	70년

③ 이름을 찾아 주세요.

하늘공원에서 볼 수 있는 것들이에요. 다음 사진을 보고 정확한 이름을 보기에서 찾아 쓰세요.

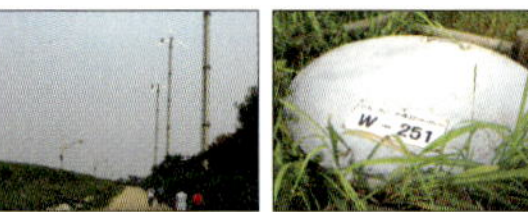
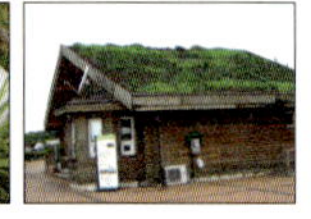

(풍력발전기)　(가스포집공)　(탐방객 안내소)

④ 나무 달력을 만들어요.

자연은 하루하루가 다르게 변해 가지요. 자신이 관찰할 나무를 정하여 계절마다 어떻게 변해 가는지 잎과 열매, 꽃 등을 관찰하여 나무달력을 완성해 보세요.

관찰한 것	관찰시기	그림 그리거나 사진 붙이기	관찰한 내용 쓰기
열매	2007년 9월 20일		보라색 같기도 하고 자주색 같기도 한 열매들이 동글동글 달려 있다.

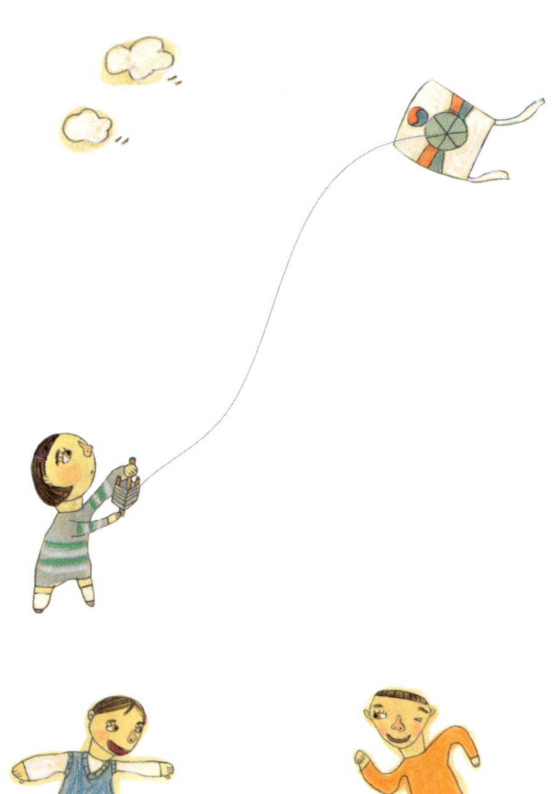

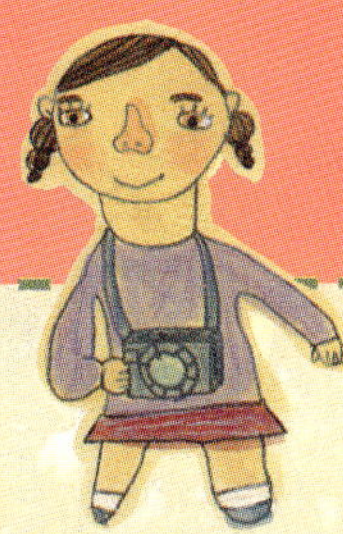

사진

김재욱 15p(수변데크), 16~17p(사진 전부), 18~19p(사진 전부), 20p(피라미드, 평화의 정원), 21p(별자리 광장의 바닥분수), 26~29p(사진 전부), 30~31p(식물 사진 전부), 31p(자연형 배수로), 32~33p(사진 전부), 37~39p(사진 전부), 40p(무당벌레, 네발나비), 45p(난지한강공원 캠핑장), 47p(중대백로)

월드컵공원관리사업소 10~11p(사진 전부), 12~13p(상부복토공사, 비탈면 안정화 처리), 15p(수변음악회), 30~31p(하늘 공원 억새 축제 야경)

주니어김영사(윤형구 촬영) 12p(침출수 처리장, 매립 가스 처리 시설, 월드컵공원 주변 아파트 모습), 20p(메트로폴리스 길), 40p(꽃밭), 41p(늪지), 42~43p(사진 전부), 47p(국궁장, 잔디마당)

수도권매립지관리공사 22p(인천시 수도권 매립지 사진 전부)

남양주시 화도하수처리장 23p(남양주시 화도하수처리장 사진 전부)

대구 수목원관리사업소 23p(대구수목원 사진 전부)

진주시청 23p(초전공원 사진 전부)

신우영 8p(월드컵공원 전시관, 인천 송도자원환경센터)

44p(요트를 즐기는 사람들) 사진 출처는 아직 찾지 못했습니다. 출처를 아시는 분은 연락주시면 다음 쇄를 찍을 때 반영하겠습니다.

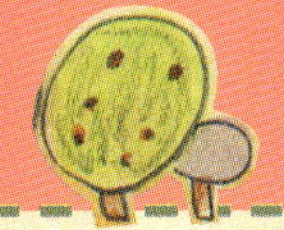
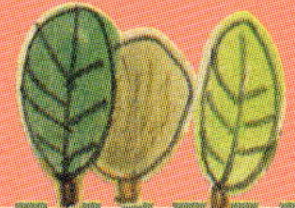

초등 학교 교과서와 관련된 학년별 현장 체험학습 추천 장소

1학년 1학기 (21곳)	1학년 2학기 (18곳)	2학년 1학기 (21곳)	2학년 2학기 (25곳)	3학년 1학기 (30곳)	3학년 2학기 (37곳)
철도박물관	농촌 체험	소방서와 경찰서	소방서와 경찰서	경희대자연사박물관	IT월드(과천정보나라)
소방서와 경찰서	광릉	서울대공원 동물원	서울대공원 동물원	광릉수목원	강원도
시민안전체험관	홍릉 산림과학관	농촌 체험	강릉단오제	국립민속박물관	경희대자연사박물관
천마산	소방서와 경찰서	천마산	천마산	국립서울과학관	광릉수목원
서울대공원 동물원	월드컵공원	남산골 한옥마을	월드컵공원	국립중앙박물관	국립경주박물관
농촌 체험	시민안전체험관	한국민속촌	남산골 한옥마을	기상청	국립고궁박물관
코엑스 아쿠아리움	서울대공원 동물원	국립서울과학관	한국민속촌	서대문자연사박물관	국립국악박물관
선유도공원	우포늪	서울숲	농촌 체험	선유도공원	국립부여박물관
양재천	철새	갯벌	서울숲	시장 체험	국립서울과학관
한강	코엑스 아쿠아리움	양재천	양재천	신문박물관	남산
에버랜드	짚풀생활사박물관	동굴	선유도공원	경상북도	남산골 한옥마을
서울숲	국악박물관	고성 공룡박물관	불국사와 석굴암	양재천	롯데월드민속박물관
갯벌	천문대	코엑스 아쿠아리움	국립중앙박물관	경기도	국립민속박물관
고성 공룡박물관	자연생태박물관	옹기민속박물관	국립민속박물관	이화여대자연사박물관	삼성어린이박물관
서대문자연사박물관	세종문화회관	기상청	전쟁기념관	전쟁기념관	서대문자연사박물관
옹기민속박물관	예술의 전당	시장 체험	판소리	천마산	선유도공원
어린이 교통공원	어린이대공원	에버랜드	DMZ	한강	소방서와 경찰서
어린이 도서관	서울놀이마당	경복궁	시장 체험	화폐금융박물관	시민안전체험관
서울대공원		강릉단오제	광릉	호림박물관	경상북도
남산자연공원		몽촌역사관	홍릉 산림과학관	홍릉 산림과학관	월드컵공원
삼성어린이박물관		국립현대미술관	국립현충원	우포늪	육군사관학교
			국립4·19묘지	소나무 극장	해군사관학교
			지구촌민속박물관	예지원	공군사관학교
			우정박물관	자운서원	철도박물관
			한국통신박물관	서울타워	이화여대자연사박물관
				국립중앙과학관	제주도
				엑스포과학공원	천마산
				올림픽공원	천문대
				전라남도	태백석탄박물관
				경상남도	판소리박물관
				허준박물관	한국민속촌
					임진각
					오두산 통일전망대
					한국천문연구원
					종이미술박물관
					짚풀생활사박물관
					토탈야외미술관

4학년 1학기 (34곳)	4학년 2학기 (57곳)	5학년 1학기 (34곳)	5학년 2학기 (51곳)	6학년 1학기 (36곳)	6학년 2학기 (39곳)
강화도	IT월드(과천정보나라)	갯벌	IT월드(과천정보나라)	경기도박물관	IT월드(과천정보나라)
갯벌	강화도	광릉수목원	강원도	경복궁	KBS 방송국
경희대자연사박물관	경기도박물관	국립민속박물관	경기도박물관	덕수궁과 정동	경기도박물관
광릉수목원	경복궁 / 경상북도	국립중앙박물관	경복궁	경상북도	경복궁
국립서울과학관	경주역사유적지구	기상청	덕수궁과 정동	고성 공룡박물관	경희대자연사박물관
기상청	경희대자연사박물관	남산골 한옥마을	경상북도	국립민속박물관	광릉수목원
농촌 체험	고창, 화순, 강화 고인돌유적	농업박물관	경희대자연사박물관	국립서울과학관	국립민속박물관
서대문자연사박물관	전라북도	농촌 체험	고인쇄박물관	국립중앙박물관	국립중앙박물관
서대문형무소역사관	고성공룡박물관	서울국립과학관	충청도	농업박물관	국회의사당
서울역사박물관	충청도	서울대공원 동물원	광릉수목원	롯데월드민속박물관	기상청
소방서와 경찰서	국립경주박물관	서울숲	국립공주박물관	몽촌토성과 풍납토성	남산
수원화성	국립민속박물관	서울시청	국립경주박물관	민주화현장	남산골 한옥마을
시장 체험	국립부여박물관	서울역사박물관	국립고궁박물관	백범기념관	대법원
경상북도	국립서울과학관	시민안전체험관	국립민속박물관	서대문자연사박물관	대학로
양재천	국립중앙박물관	경상북도	국립서울과학관	서대문형무소 역사관	민주화현장
옹기민속박물관	국립국악박물관 / 남산	양재천	국립중앙박물관	서울역사박물관	백범기념관
월드컵공원	남산골 한옥마을	강원도	남산골 한옥마을	조선의 왕릉	아인스월드
철도박물관	농업박물관 / 대법원	월드컵공원	농업박물관	성균관	서대문자연사박물관
이화여대자연사박물관	대학로	유명산	롯데월드민속박물관	시민안전체험관	국립서울과학관
천마산	롯데월드민속박물관	제주도	충청도	경상북도	서울숲
천문대	몽촌토성과 풍납토성	짚풀생활사박물관	서대문자연사박물관	암사동 선사주거지	신문박물관
철새	불국사와 석굴암	천마산	성균관	운현궁과 인사동	양재천
홍릉 산림과학관	서대문자연사박물관	한강	세종대왕기념관	전쟁기념관	월드컵공원
화폐금융박물관	서울대공원 동물원	한국민속촌	수원화성	천문대	육군사관학교
선유도공원	서울숲	호림박물관	시민안전체험관	철새	이화여대자연사박물관
독립공원	서울역사박물관	홍릉 산림과학관	시장 체험 / 신문박물관	청계천	중남미박물관
탑골공원	조선의 왕릉	하회마을	경기도	짚풀생활사박물관	짚풀생활사박물관
신문박물관	세종대왕기념관	대법원	강원도	태백석탄박물관	창덕궁
서울시의회	수원화성	김치박물관	경상북도	해인사 고려대장경과 장경판전	천문대
선거관리위원회	승정원 일기 / 양재천	난지하수처리사업소	옹기민속박물관	호림박물관	우포늪
소양댐	옹기민속박물관	농촌, 어촌, 산촌 마을	운현궁과 인사동	유니세프 한국위원회	판소리박물관
서남하수처리사업소	월드컵공원	들꽃수목원	육군사관학교	무령왕릉	한강
중랑구재활용센터	육군사관학교	정보나라	이화여대자연사박물관	현충사	홍릉 산림과학관
중랑하수처리사업소	철도박물관	드림랜드	전라북도	덕포진교육박물관	화폐금융박물관
	이화여대자연사박물관	국립극장	전쟁박물관	서울대학교 의학박물관	훈민정음
	조선왕조실록 / 종묘		창경궁 / 천마산	상수허브랜드	상수도연구소
	종묘제례		천문대		한국자원공사
	창경궁 / 창덕궁		태백석탄박물관		동대문소방서
	천문대 / 청계천		한강		중앙119구조대
	태백석탄박물관		한국민속촌		
	판소리 / 한강		해인사 고려대장경과 장경판전		
	한국민속촌		화폐금융박물관		
	해인사 고려대장경과 장경판전		중남미문화원		
	호림박물관		첨성대		
	화폐금융박물관		절두산순교유적지		
	훈민정음		천도교 중앙대교장		
	온양민속박물관		한국에너지기술연구원		
	아인스월드		한국자수박물관		
			초전섬유퀼트박물관		

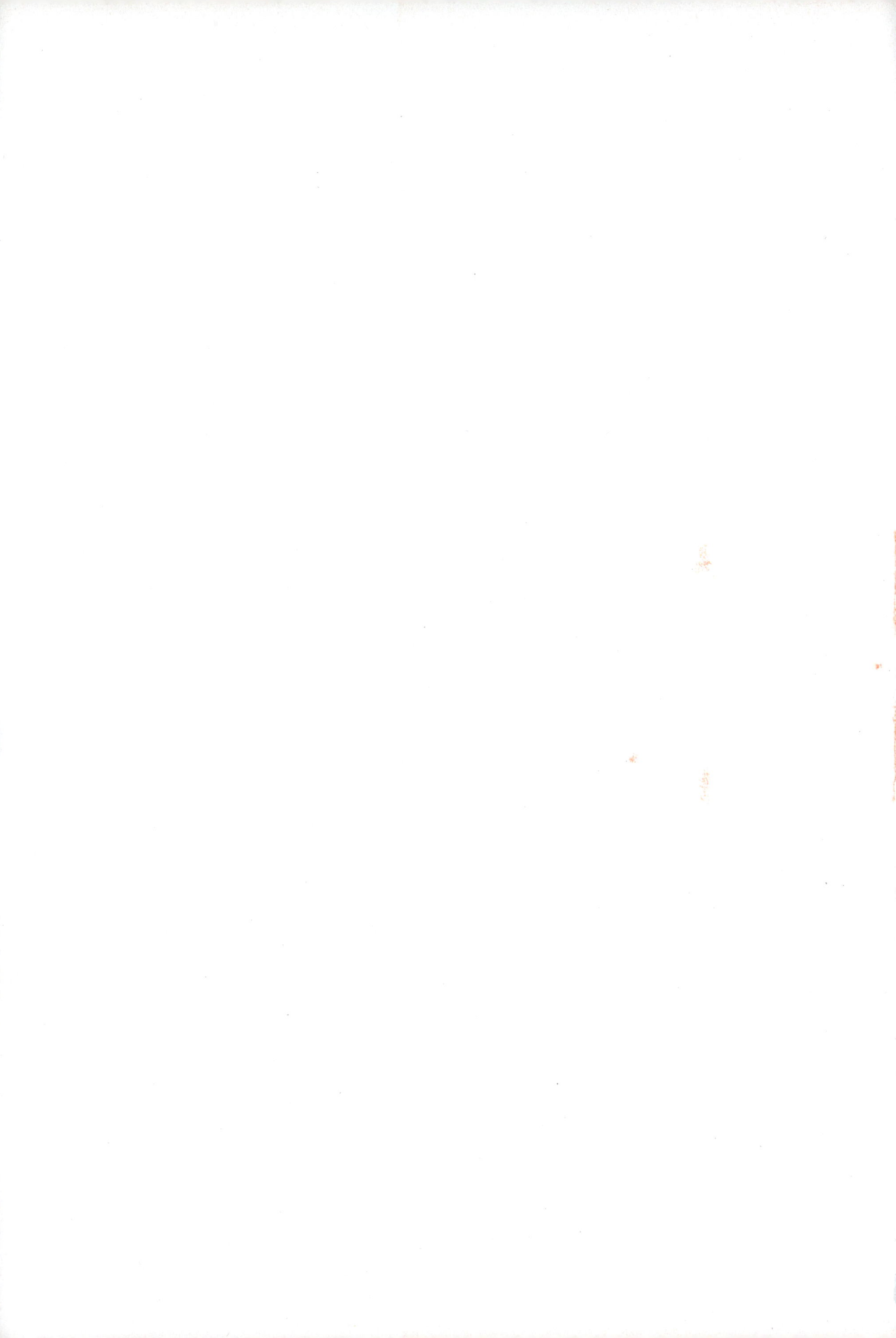

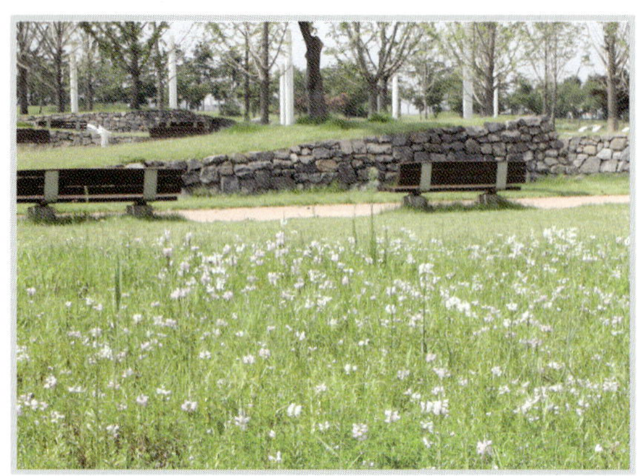

평화의 정원

꽃과 풀이 가득한 평화의 정원이에요.

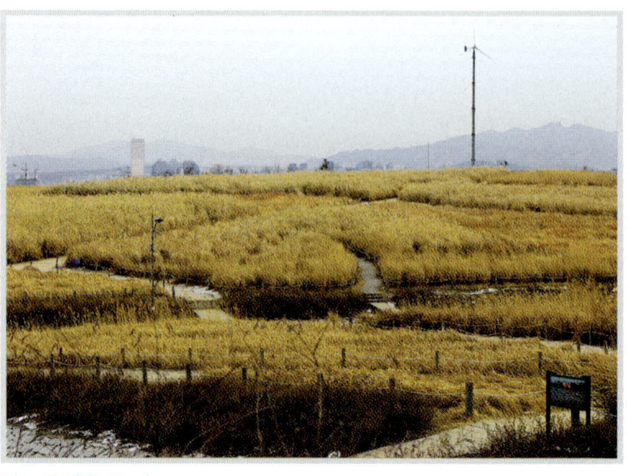

하늘공원 초지

건조하고 척박한 곳에서도 잘 자라는 식물을 심어 놓은 하늘공원 모습이에요.

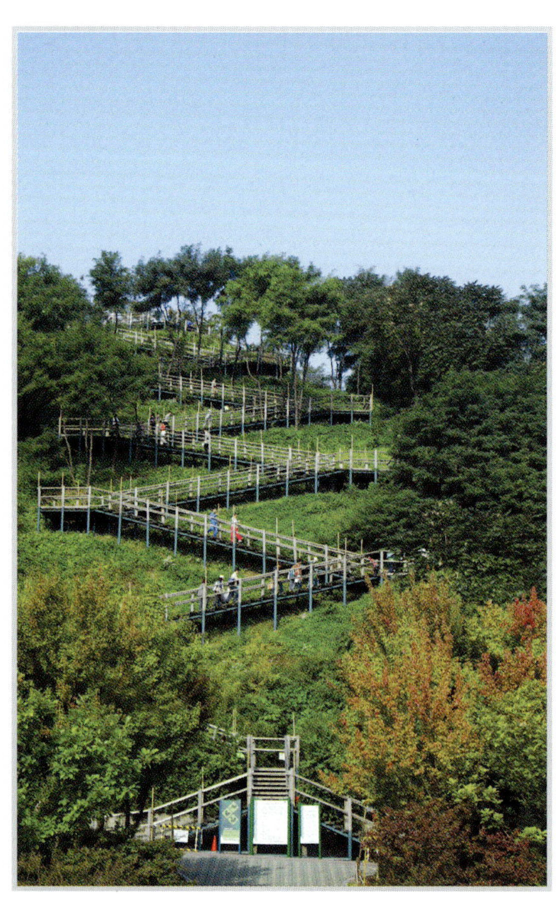

하늘공원 계단

하늘을 좀 더 가까이 보기 위해 하늘공원으로 올라가고 있는 사람들의 모습이에요.

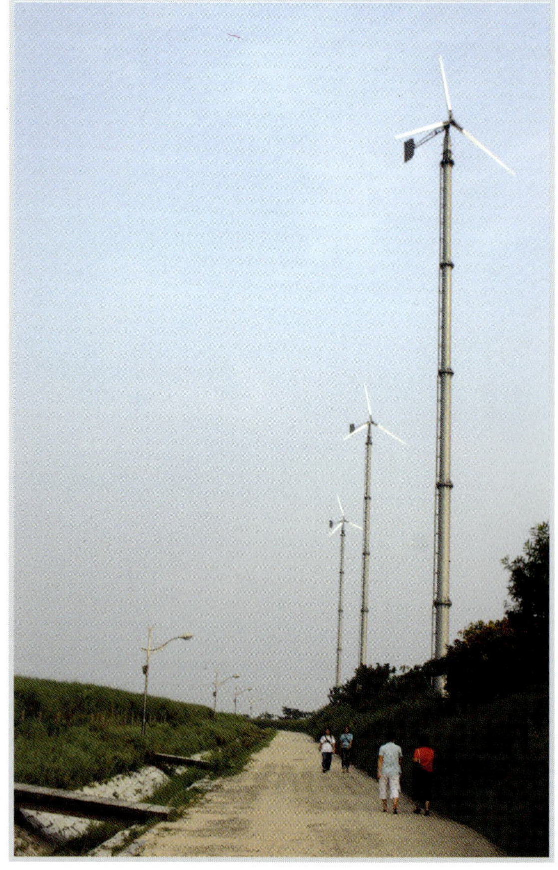

하늘공원의 풍력발전기

바람의 힘을 이용해 전기를 만들어 내는 풍력발전기예요. 이렇게 생산된 전기는 하늘공원의 탐방객 안내소와 가로등의 전기로 사용된답니다.

숙제를 돕는 사진

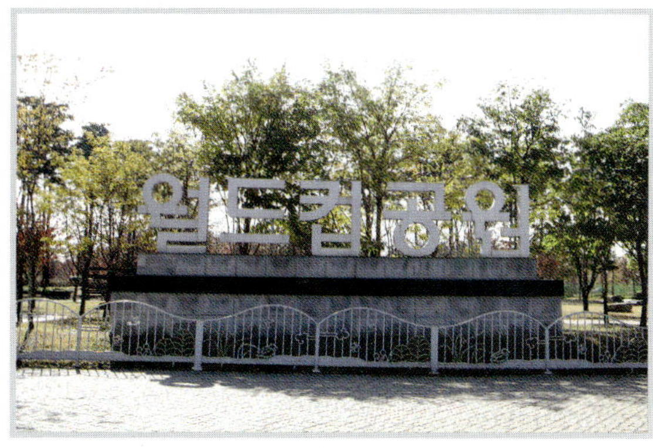

월드컵공원

월드컵공원은 2002년 월드컵 개최를 앞두고 월드컵경기장과 함께 문을 열었어요.

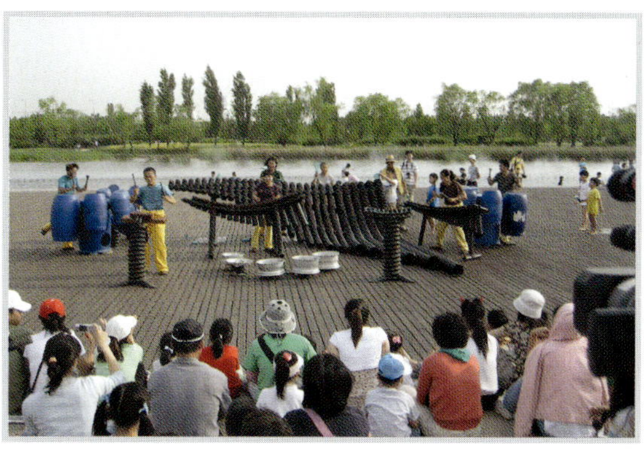

수변음악회

평화의 공원 난지연못 앞 광장에서 열린 야외음악회예요.

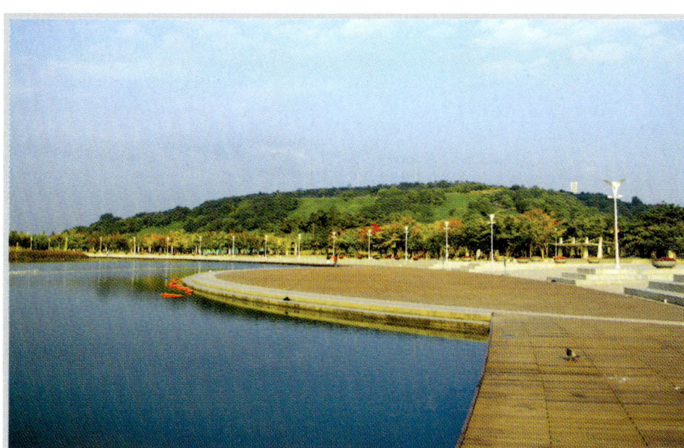

수변데크

난지연못의 수변공간을 아치 형태의 프로미나드 공법으로 만들었어요.

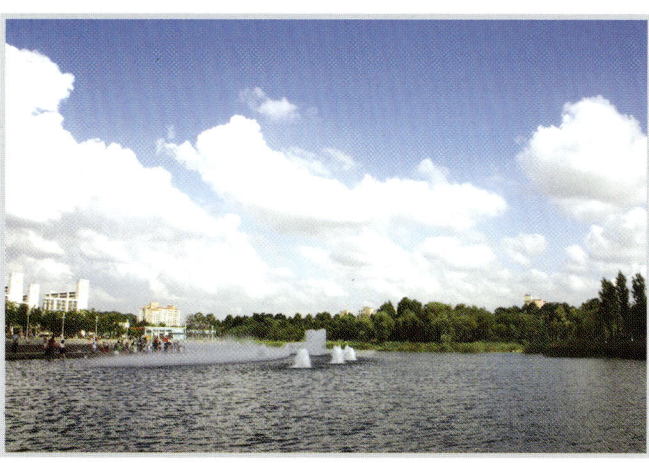

난지연못 전경

분수가 올라오는 난지연못의 풍경이에요.

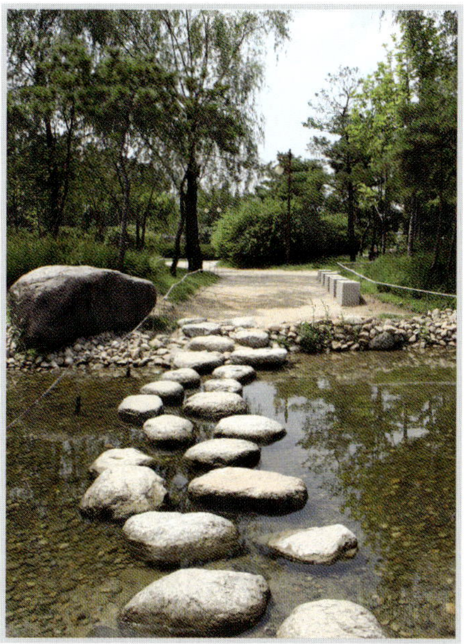

징검다리

물의 흐름을 조절하는 역할을 하고 있어요.